O QUE A VIDA ENSINA,
# COM
# PARTI
# LHA-SE

ORGANIZAÇÃO
**ANA COSTA e LÉO ALVES**

# O QUE A VIDA ENSINA, COMPARTILHA-SE

EDITORA
**Labrador**

Copyright © 2019 de Ana Costa e Léo Alves.
Todos os direitos desta edição reservados à Editora Labrador.

*Coordenação editorial*
Erika Nakahata

*Projeto gráfico, diagramação e capa*
Maurelio Barbosa

*Revisão*
Luiza Lotufo
Fausto Barreira Filho

*Imagens de miolo*
Páginas 80 e 152: Peecheey
Página 100: Taís Mráz
Demais imagens: acervo pessoal dos autores

Dados Internacionais de Catalogação na Publicação (CIP)
Angélica Ilacqua – CRB-8/7057

---

O que a vida ensina, compartilha-se / organização de Ana Costa, Léo Alves. –
São Paulo : Labrador, 2019.
  192 p.

ISBN 978-65-5044-034-3

1. Autoconhecimento 2. Autorrealização 3. Felicidade I. Costa, Ana II. Alves,
Léo.

19-2556                                                                CDD 158.1

---

Índice para catálogo sistemático:
1. Técnicas de autoajuda

**Editora Labrador**
Diretor editorial: Daniel Pinsky
Rua Dr. José Elias, 520 – Alto da Lapa
05083-030 – São Paulo – SP
Telefone: +55 (11) 3641-7446
contato@editoralabrador.com.br
www.editoralabrador.com.br
facebook.com/editoralabrador
instagram.com/editoralabrador

A reprodução de qualquer parte desta obra é ilega
configura uma apropriação indevida dos direitos ir
lectuais e patrimoniais dos autores e organizadore

A editora não é responsável pelo conteúdo deste li
Os autores e organizadores conhecem os fatos
narrados, pelos quais são responsáveis, assim cor
se responsabilizam pelos juízos emitidos.

Dedicamos esta obra a todos os familiares e, em especial, a todos os nossos antepassados, pois só com essa força estamos aqui compartilhando o que a vida ensina.

# SUMÁRIO

1. Vivenciando você na cultura andina — *por Ana Costa* .................... 8
2. Quantas carreiras você pensa que pode ter? — *por Carol Abreu* ............ 18
3. 59 — *por Cassiano Polesi* ............................................. 28
4. A partilha de um ser: cadê você, mãe? — *por Celeida Laporta* ............ 38
5. Meu rezo, meus japamalas — *por Denise Datovo* .......................... 50
6. O reencontro — *por Fabiana Milanez* .................................... 58
7. Pilotando o meu avião — *por Fabiana Ribeiro* ........................... 68
8. Eu me realizei sendo mulher — *por Fátima Caldas* ....................... 80
9. Ressignificando o luto — *por Gláucia C. Almeida* ....................... 92
10. Histórias transformadoras — *por Ivone Saraiva* ........................ 100
11. Um amor mágico e real — *por Kell Haller* ............................. 112
12. Será que enlouqueci? — *por Lucila Ferrari* ........................... 120
13. Perfeitamente imperfeita — *por Regiane Ribeiro* ...................... 128
14. Na vida, não existem fracassos: apenas resultados! — *por Rogério Pedace* ... 136
15. Voltando para a ânima — *por Thiago Oliveira* ......................... 144
16. O legado de um grande amor — *por Vera Garaude* ....................... 152
17. Reinventando minha história — *por Vivian Castanheda* ................. 160

Sobre os autores ........................................................ 173

"O segredo é só se entregar!"

# 1

# VIVENCIANDO VOCÊ NA CULTURA ANDINA

*Por Ana Costa*

*"O que é meu inimigo?*
*Eu mesmo.*
*Minha ignorância, meu apego,*
*meus ódios.*
*Aí está o meu inimigo."*
**Dalai Lama**

*O quê? Quando? Como assim? Está internado? AVC? Está consciente? Nossa, não acredito!* Foi assim que tudo começou...

Recebi uma ligação de uma pessoa muito querida, que havia trabalhado comigo, informando que um grande parceiro de trabalho havia tido um AVC. Ele estava consciente, porém paralisado.

Fiquei atônita, sem saber como reagir. Um filme passou pela minha mente. Uma dor no peito me acometeu. A única coisa que eu conseguia pensar é que aquela poderia ter sido a minha história.

A minha última experiência na vida corporativa foi muito intensa, sentia-me muito cobrada e pressionada. Não conseguia mais atender às expectativas da empresa, pois aquelas não eram mais os meus verdadeiros desejos de vida.

Foi aí que comecei a escrever o meu primeiro livro, percebendo que, na realidade, ele era o sinal de que eu passava por uma verdadeira catarse interior. O livro foi só a última fagulha que o Universo me deu para que eu entendesse que algo tinha que mudar. Aquelas páginas não eram para os outros, mas, sim, para mim.

Antes, eu já havia recebido tais sinais de que minha vida no mundo corporativo não poderia seguir daquela maneira. Minhas costas também me alertaram. Passei anos com crises na coluna, até que me deram um veredito: "Ou você relaxa ou vai terminar em uma cadeira de rodas!". Era claro que parte das minhas dores era por carregar o mundo nas costas, querer ser mãe e executiva nota 1.000. Ninguém aguenta! Daí iniciei uma longa jornada de autoconhecimento para tentar compreender o que aqueles sinais estavam querendo me dizer.

Mas voltemos ao livro. Fiz o livro em parceria com uma pessoa muito querida. "Ter & Ser na Vida Corporativa", publicado em 2016. Nele mencionei um pouco sobre a viagem que fizemos ao Peru. A partir daí, essa experiência começou a ficar cada vez mais forte. Ela veio com tanta intensidade que começamos a idealizar um projeto de vivência no Peru, sentia que não podia deixar passar despercebido o que vivi em 2012, quando fizemos a primeira viagem ao Peru.

## Como tudo começou...

Já havia feito várias viagens de autoconhecimento e queria conhecer o Peru apenas como turista. Estava ansiosa para ter a experiência de imergir nos aspectos culturais e transcendentais da cultura andina.

Pois é! Este era o meu planejamento inicial, quando decidi fazer essa viagem com o meu marido. Mas, para a minha surpresa, quando visitei Machu Picchu, a guia que nos acompanhou iniciou o nosso passeio com uma oração de agradecimento.

Só me lembro do pedido para que todos nós déssemos as mãos. Depois... Bem... Depois, não me pergunte o que foi dito. Uma nuvem de paz atingiu o meu ser e eu não vi mais nada! Minha próxima recordação é do meu choro copioso, que ficou registrado para a eternidade em uma foto onde tento disfarçar aquele momento divino com os meus óculos escuros; um retrato fiel sobre o misto de emoção e surpresa que aquele momento propiciou para todos.

No final da viagem — e digo "viagem" com toda a pluralidade interpretativa que a palavra tem — a minha sensação era a de estar em uma outra dimensão. Não sei explicar o motivo. O fato é que, por puro instinto, solicitei o e-mail da guia, guardando-o em uma caderneta, e lhe disse: "Um dia eu volto!". Ficou lá por quatro anos, quando, ao escrever sobre essa experiência no primeiro livro, lembrei-me imediatamente da Haydée Mercado, a guia que nos acompanhou, e resgatei o e-mail.

Então, em 2016, retornamos ao Peru com o objetivo de validar aquela experiência e idealizar este projeto. Apesar de estar convencida de que eu tinha que transformar aquela experiência em um projeto, parecia que havia algo mais que eu precisava buscar, retornando àquele lugar especial.

Foi o que fiz. Como tudo que diz respeito ao Peru, segui meu coração e intuição, retornando dois meses depois para fazer a Trilha Inca. Andamos 43 quilômetros, margeando a Cordilheira dos Andes, adentrando a Selva Amazônica.

Vivemos algo tão intenso que não consigo explicar através de palavras. Nossa única certeza era a de que deveríamos iniciar essa grande jornada, convidando o máximo de pessoas para conhecer, vivenciar e desfrutar daquele lugar. Era um dever fazer com que o máximo de seres possíveis tivesse a chance de ter as mesmas sensações que tive naquele lugar místico e misterioso.

Foi com essa ideia que começamos o nosso planejamento. E escrever este capítulo é parte desse desafio que me trouxe mais informações sobre como nada aconteceu por acaso.

O que a vida ensina, **COMPARTILHA-SE**

Quando conversei com Haydée sobre este livro, descobri que, no momento em que entrei em contato com ela para convidá-la para ser a nossa guia local, ela havia visto um pica-flor em sua casa.

A cultura andina reverencia a Pachamama (Mãe Terra) e dentro desse contexto, todos os reinos (vegetal, mineral e animal) têm os seus seres reverenciados. De acordo com o Xamanismo, cada um de nós tem o seu animal de poder, que nos auxilia em nossa evolução espiritual, tendo cada um deles uma representação específica.

No caso de Haydée, esse ser, o pica-flor — nosso querido beija-flor — fez uma visita para ela justo no dia que eu entrei em contato. Logo fui buscar o significado desse animal e, vejam só:

> Se um beija-flor visitou sua vivência espiritual ou voou em seu sonho, ou, ainda, de forma inesperada, apareceu do nada em seu dia a dia: sorria! Ele é um presente do Grande Espírito, ofertado por puro amor à Natureza, em sua majestosa grandeza; é um mensageiro enviado àqueles cujo coração se fechou em função de sofrimento, que se sentem desanimados e sem forças. Ele traz a mensagem de alegria e nos fala sobre a possiblidade de encontrar uma maneira de nos sentir renovados e felizes pelo simples fato de estarmos vivos. Através da astúcia, inteligência e graça e não só da força física, o beija-flor nos mostra uma maneira para embarcarmos em uma nova jornada.[1]

Aqueles que receberam a graça do beija-flor possuem o raro dom de ouvir a linguagem da vida, que se oculta em seus mistérios, podendo vir a descobrir que ao beija-flor são atribuídos poderes mágicos de despertar o amor e abrir corações. Por isso, sua mensagem nos fala sobre a abertura do coração a todos aqueles que se fecharam emocionalmente. A bem-aventurança só é possível se o coração estiver aberto e purificado.

---

1. Disponível em: www.lotusxamanismo.com.br/o-simbolo-do-beija-flor/. Acesso em: out. 2019.

Aqueles que aprendem a voar como o beija-flor são pessoas sonhadoras, visionárias, sensíveis em sua natureza mais profunda: gostam de viajar, amam a vida, são alegres e espalham essa alegria por onde passam. São pessoas que trilham a estrada da felicidade, buscam e querem estar junto à beleza e à harmonia.

Na volta ao Peru, pedi para falar com um Xamã. O projeto ainda era uma loucura, muito diferente do que sempre tinha feito. Parecia que eu estava inventando moda. Percebi que a minha adolescência havia voltado. Eu tinha um modo alternativo de viver até enxergar que precisava trabalhar. Com certeza a minha essência já estava despertando e precisei viver outros papéis, como a mulher executiva, mãe, esposa e filha, para retornar para ela como deve ser.

Ao consultá-lo — sem que ele soubesse das minhas intenções — ele disse que eu tinha uma missão muito forte no Peru e que o meu animal de poder era o pica-flor. Foi então que Haydée recordou-se da visita que recebeu em sua casa e disse-me: "Você não tem ideia! Esse projeto é muito maior do que pensamos! Tenho certeza que dará certo!". Hoje podemos dizer que somos duas irmãs de alma.

Voltando à nossa jornada, foi muito difícil formar a primeira turma. Somente uma pessoa ficou entusiasmada e me ligava com frequência para saber das novidades, louca para se programar com a data.

Só tínhamos essa pessoa. Lembro-me que cheguei ao ponto de pensar que se ela fosse a única interessada, iríamos só nós três. Ainda tinha dúvidas se deveríamos ir ou não. Um dia, fui dar uma caminhada e conversando comigo mesma, pensei: "Se eu devo seguir em frente com este projeto, que eu veja um beija-flor".

Pois bem. Quando estava fazendo alongamento e mentalizando tal discurso, quem me aparece? Ele mesmo: o beija-flor! Senti uma felicidade imensa. Esqueci de todo o alongamento e voltei correndo para casa, como uma criança. Cheguei gritando e contando toda a história para o meu marido.

Eu sei, parece roteiro de filme de ficção. O protagonista recebe um sinal e segue com o seu sonho. E a sequência foi digna de cinema de alta qualidade, pois, depois desse dia, tivemos 5 confirmações para a viagem. Nem Spielberg poderia pensar em tal epopeia.

Estávamos prontos para partir. Ao longo de três anos, fomos nos complementando a cada grupo e o projeto tomando a forma que precisava ter. E assim é até hoje. Cada ano ele recebe uma surpresa, um carinho, um acolhimento, um agradecimento e vai tomando força com cada grupo. O que mais me chamava a atenção era que, desde o primeiro grupo, eu ouvia: "Nossa, não dá para explicar o que é isso, não é treinamento, ritual, retiro, não é turismo. É, simplesmente, cada um vivenciar, do seu jeito, este lugar mágico".

No roteiro, optamos pelos pontos que mais mexeram conosco, onde sentíamos que havia algo maior. Cada viajante foi se entregando a cada dia; em cada lugar. No primeiro grupo, acredito que a grande mensagem que eles me passaram foi: "O segredo? É só se entregar!".

Foram dias maravilhosos e profundos. Descobrimos que não precisávamos fazer nada. Nossa missão era deixar tudo fluir, fazendo com que cada um vivenciasse o seu momento e tivesse a sua própria experiência e assim foi. Já dava para sentir que a dimensão do projeto era muito maior.

Partimos para o segundo grupo. Confesso que, muitas vezes, o meu racional falava mais alto, mas, em contrapartida, eu sentia algo maior, sereno, que me acalmava e orientava.

Quando estávamos fechando o segundo grupo, a taxa do dólar não parava de disparar e faltavam apenas duas pessoas para que conseguíssemos cobrir as despesas do programa. Claro que o racional da executiva pragmática começou a berrar no meu inconsciente, voltando ao padrão de que aquilo era só uma aventura da jovem *hippie*, uma loucura.

Na minha varanda, tenho um espaço com um vaso com ervas e pedras peruanas, que chamo de cantinho da Pachamama. É ali que tento me acalmar e pensar na vida e no projeto.

Mais uma vez, recebi um sinal. "Este projeto é muito maior que a taxa do dólar, ele acontece pelo que você deixa fluir."

Não preciso dizer que fiquei envergonhada. Imediatamente deixei tudo fluir. Senti que realmente era algo muito maior, fora do meu alcance de compreensão. Três semanas depois, recebi o contato de um desconhecido, que havia recebido a indicação do programa por uma pessoa que eu havia encontrado em uma reunião. Sem hesitar ou questionar nada, ele fechou o programa. Foi mais um momento de gratidão e certeza de que estávamos no caminho correto.

Tem um dia do programa que ficamos no Vale Sagrado. De acordo com a cultura andina, ele está cercado por montanhas e um rio que passa exatamente entre elas. Para os Incas, há um significado muito profundo, pois essas montanhas pertencem aos deuses, que representam o nosso lado espiritual, enquanto o rio corresponde ao nosso lado terreno — tudo que queremos liberar, que não necessitamos mais — o papel das águas do rio é o de fazer todo esse trabalho de limpeza. Lindo, não? Pois é! Pela tamanha grandeza, sempre dormimos um dia bem no meio do Vale Sagrado e nos reunimos em volta de uma fogueira, onde fazemos uma oração em que cada um sente o que precisa ser feito em sua vida.

Este ano, tudo foi muito diferente. Ao longo do dia, alguns elementos da Mãe Terra chamavam a minha atenção: quando via a água, ouvia o barulho do tambor. Assim que cheguei à casa que alugamos, pedi para o dono me emprestar o tambor. Os mais próximos questionaram se eu sabia tocar o instrumento. Sem graça, eu disse que não. Mas senti que eu deveria tocá-lo. Foi uma noite mágica. Senti que minhas mãos eram simples marionetes e que, na verdade, eram várias mãos invisíveis que o estavam tocando. Fiquei com o tambor a noite inteira. Algo intenso e profundo.

Voltei para o Brasil com a missão de fazer um curso de tambores xamânicos. Foram meses procurando por um curso e, quando o encontrei, foi como se eu começasse a imergir de fato na cultura andina. O curso trouxe outra revelação. O facilitador faz uma meditação para a benção do tambor. Percebi que, naquela fogueira, o tambor tinha vindo até mim, como uma parte do meu ser que estava faltando. Louco, não é? E ele vem me acompanhando durante todo o meu 2019. Aliás, está aqui ao meu lado enquanto escrevo estas linhas.

Cada ano, quando retorno do Peru, é um ciclo da minha vida que se fecha. No primeiro, ficou muito clara a questão do pertencimento da família, que representa a segunda gratidão, fator que ainda mexe muito comigo. Vem um pouco da minha história de vida. Sempre tive um perfil muito forte, uma guerreira, fatores intensificados por minha carreira executiva, que deixou meu lado controladora, dona da verdade, além das questões hierárquicas.

Enfim, vários fatores que venho tentando trabalhar nas formações em constelação familiar, onde venho trabalhando as figuras de meus pais. Hoje, estou na fase de trabalhar minha mãe.

Difícil, viu? Buscar, de repente, o meu feminino que ficou muito arraigado no meu "eu" pelas obrigações com o trabalho e sustento da casa. Quero cozinhar, organizar as roupas, silenciar a minha existência, curtir meus filhos, ver o meu netinho crescer.

Neste ano, na volta da viagem, minha ação sumiu. Sempre fui 100% ação, mexendo em projetos, trabalhos, cursos, enfim, nunca parei. Mas, este ano, tudo ficou mais brando e quieto. Estou me permitindo, concordando com este momento. Nada é por acaso. Permito-me seguir nessa jornada com este capítulo.

Este projeto é apenas o próximo passo para contar as minhas experiências vividas em cada lugar, junto a cada pessoa que atravessou a minha existência. Não foi uma história de conto de fadas. Não cheguei ao Peru e resolvi abandonar tudo e viver lá. Continuo tendo meus projetos, aventurando-me no empreendedorismo, com a minha jornada de aprendizado e as experiências que tive, tentando me conhecer cada vez mais nas constelações familiares e organizacionais e com os ensinamentos que a vida me proporciona.

Finalizo agradecendo a Pachamama por todos que pudemos auxiliar, com a parceria da minha querida irmã de alma Haydée Mercado e de meu marido, nesta jornada e, principalmente, por todo o aprendizado que recebi neste lugar mágico.

Faço este convite para vocês: venha vivenciar você na cultura andina!

"A nossa felicidade e sucesso são guiados por nós mesmos. Eu os considero tão importantes que não cogito terceirizá-los. Sempre há o que eu possa fazer, desde que encare a realidade nua e crua, sem desperdiçar minha energia me lamentando por como eu gostaria que minha vida fosse."

# 2

# QUANTAS CARREIRAS VOCÊ PENSA QUE PODE TER?

Por Carol Abreu

*"Quebrem as correntes dos seus pensamentos
e quebrarão as correntes do corpo."*

Fernão Capelo Gaivota

## Na corda bamba

Sylvia, uma paulistana que teve uma infância com privilégios, viu sua família — um tanto difusa, diga-se de passagem — perder sua condição financeira quando ainda descobria o que era a adolescência. Casou-se com Porfírio — um santista bronzeado e charmoso que trabalhava no Porto de Santos e, mais tarde, formou-se em Direito.

Tiveram um primeiro filho, Gustavo, que, assim como Lauro, protagonista do romance *O Moço Loiro*, de Joaquim Manuel de Macedo, era um ser onipresente, que buscava proteger sua irmã mais nova — que é quem redige estas linhas — quando necessário. Membros do clã afirmam que ele precisou ser segurado no batizado da irmã ao ver a ousadia do padre em molhar a testa daquela frágil criaturinha. Outro caso familiar relata que Gustavo não foi nomeado Lauro por uma pequena confusão de Sylvia na hora de seu registro.

Aos 25 anos, Sylvia teve uma filha. Nasceu uma moreninha, chamada Carolina, nome dado devido à proximidade de parentesco com o autor Joaquim Manuel de Macedo, dando-me o privilégio de começar minha existência.

Uma prima de segundo grau de minha mãe pediu para ser minha madrinha. Na realidade, o que tive, sem exageros, foi quase uma fada madrinha. Lucia, que havia montado sua escola de *ballet* com apenas 19 anos, conseguiu para sua enteada uma bolsa de estudos na escola de método Montessori da cidade, além de me colocar para estudar dança. Devo muito a essas duas instituições: à escola, devo o gosto pelo aprendizado; à dança, minha garra.

Nos doze anos em que estudei na escola Pequeno Príncipe, aprendi que cada ser humano é único e tem o seu valor. Se você é bom em matemática e eu sou boa em artes, você é bom em exatas e eu sou boa dançarina. Simples assim!

Não posso dizer que essa tenha sido a única ou mais importante lição para ampliar minha visão sobre o ser humano. Na escola, convivi com pessoas de famílias tradicionais e com bolsistas. A inclusão não era trabalhada com a mesma intensidade dos dias atuais, fazendo com que eu a vivenciasse por mim mesma e pela convivência que tive com duas meninas em condições especiais.

Muitas vezes somos saudosos quanto às coisas boas da infância, esquecendo-nos da intensidade dos aprendizados que tivemos nessa fase, que moldam muito do que nos tornamos. A partir das relações com outras crianças, que assim como nós possuem poucos filtros e polidez, vivenciamos uma série de conflitos abertos e diretos. A inveja, o desagrado, a rejeição, assim como a aceitação, a generosidade e o carinho são explícitos.

No meio disso tudo, há um ser no início do seu desenvolvimento, criando sua estrutura psíquica: uma pedra bruta a ser lapidada.

Era esse olhar que os profissionais daquela escola dedicavam a cada um de nós, individualmente, orientando nossa formação moral.

Todo esse núcleo escolar, aliado à realidade destoante e conflituosa da minha família, construíram em mim um desejo irrefreável de compreender o ser humano.

Eu vivia em uma corda bamba. De um lado, vivia a realidade de uma escola rica, enquanto, de outro, sobrevivia em um lar no qual não eram incomuns fases à base de arroz e ovo — frito, cozido, mexido, quente, *"pochê"*, fritada e todas as outras formas que a criatividade da minha mãe permitia imaginar.

Essas e outras tantas experiências me prepararam para lidar com as diferenças. Neste momento, comecei a desenvolver uma das minhas fortalezas profissionais: a capacidade de adaptação a diferentes ambientes e cenários.

## Você pode!

Ao longo dos meus primeiros vinte anos, escutei diversas vezes que não conseguiria ir muito longe.

Depois da escola, minha madrinha ofereceu-se para me mandar para uma das melhores escolas de sapateado do mundo. Eu estava a um passo de Los Angeles. Mas não me permitiram ingressar nessa aventura por ser muito morena; tinham medo do preconceito que eu sofreria. Hoje, sei que tal preconceito existia, na verdade, dentro da minha própria família.

Resolvi ser Economista com engajamento social. Estava decidida a ajudar a salvar o Brasil e a África. Consegui fazer cursinho como bolsista. Nessa fase, meu padrasto e outros anjos da guarda em forma de professores, familiares e conhecidos — na maioria recrutados pela minha mãe — foram fundamentais, oferecendo-me ajuda e apoio.

## Carreira

Levei quatro anos para entrar em uma universidade pública. Aos 20 anos, passei na USP e na Unicamp, decidindo pela cidade de São Paulo. Era a minha única chance de continuar estudando.

No segundo ano de faculdade, troquei o trabalho como professora de inglês para fazer estágio no Banco Chase (o "Bradescão" dos EUA). Apesar de estar meio perdida, tentando me situar, sabia que era uma oportunidade única e que uma nova fase da minha vida havia começado. Tive muitos outros anjos que apareceram na forma de chefes, amigos e pessoas que, pelo simples fato de existirem, definiram-me como ser humano.

Em pouco tempo fui convidada para uma posição no BCN — que depois virou um banco do Grupo Bradesco — passando, com 23 anos, a liderar seu Departamento Econômico. Na sequência, aceitei o desafio de estruturar o Departamento Econômico do Bandeirantes, um banco da portuguesa Caixa Geral de Depósitos.

Minhas passagens por essas empresas foram ricas em experiências. Processos de fusão ou aquisição no Chase, BCN e Bandeirantes foram desafios grandiosos para a minha carreira.

Em todas essas mudanças nas empresas, sempre fui convidada para ficar. Por quê? Acredito que pela tal capacidade de adaptação que fui instigada a desenvolver desde meus primeiros anos, por aceitar novas realidades e investir minha energia em vivê-las da melhor forma, ao invés de gastar todas as minhas forças em conflitos internos. Sempre optei pela realidade quando confrontada com o desejo.

**CAROL ABREU** | Quantas carreiras você pensa que pode ter?

Minha regra pessoal nesses momentos instáveis? Focar no trabalho e continuar desempenhando, mas sempre atenta aos movimentos, entendendo para onde e com que formato a empresa estava indo. Não passei por essas fases sem muitas tormentas internas, mas é preciso se envolver com o negócio, trabalhar com foco e cultivar relacionamentos.

Tais práticas continuaram me impulsionando durante meu Mestrado na Inglaterra e na Mercedes-Benz, ao assumir responsabilidades em finanças em diversos países, nas Américas, na Europa e na Ásia, como: Brasil, Colômbia, Venezuela, Alemanha, Japão e Tailândia, dentre outros.

Depois de quase oito anos na montadora alemã, fui convidada para trabalhar no grupo Odebrecht. Mais tarde, naveguei por mais um nicho totalmente diferente, aceitando o desafio da Arcos Dourados (McDonald's).

Bancos, uma montadora, conglomerados com foco em engenharia, aviação e ainda alimentação. Essa diversidade foi um grande privilégio que trouxe muito aprendizado. Tive responsabilidades e desbravei mais um pouco do mundo, atuando nos EUA, Canadá, França, Inglaterra, Argentina, dentre outros países.

Além de muita dedicação, brilho nos olhos e faca nos dentes, creio que meu diferencial nesses lugares foi a habilidade em me ajustar rapidamente às transformações do ambiente, sempre consciente de que a minha carreira era minha responsabilidade. Nunca creditei os meus erros e acertos ao meu chefe, minha empresa, meus pais ou minha filha.

A nossa felicidade e sucesso são guiados por nós mesmos. Eu os considero tão importantes que não cogito terceirizá-los. Sempre há o que eu possa fazer, desde que encare a realidade nua e crua, sem desperdiçar minha energia me lamentando por como eu gostaria que minha vida fosse.

## A transição

Ao longo dos mais de vinte anos em que atuei nas áreas econômica ou financeira, sempre mantive atividades que me permitissem compreender um pouco mais sobre o ser humano.

Desde o início, essa foi uma inquietação interna. Acredito que, para entender o outro, precisamos entender a nós mesmos. Por isso, invisto há décadas no autoconhecimento.

Comecei a fazer terapia aos 9 anos, quando minha mãe percebeu minha tendência a me fechar no meu mundo. Já como adulta, tive o privilégio de aprender sobre diferentes realidades, fazendo trabalho voluntário com crianças, além de muita terapia — que é um caminho sem volta para nos autoconhecermos. São quase duas décadas de sessões e mais sessões, cursos de liderança, meditação, caminhada na brasa, expansão de consciência, filosofia, dentre tantos outros.

Caminhei por várias áreas do conhecimento, até fazer a minha primeira formação em coaching. A princípio, queria fazer trabalho voluntário com jovens carentes, porém, devido à dificuldade para ser aceita em alguma instituição, resolvi enviar um e-mail para alguns poucos e generosos amigos, comunicando-os sobre o meu desejo de trabalhar na área. Foi então que uma nova porta se abriu, mostrando-me um novo caminho que não era tão claro quanto possa parecer.

Nesse período, eu liderava a área de Relações com Investidores de uma das empresas do grupo Odebrecht, que já começava a entrar em crise. A falta de objetivo na empresa liberou o tempo que eu desejava para atender executivos. No começo, fazia as sessões no horário de almoço e finais de semanas, encaixando-as nos momentos que eu tinha, pois minha pequena Clara tinha apenas 2 anos.

A maternidade é um capítulo à parte que renderia um novo livro. Vale pontuar aqui que, sem dúvida alguma, o desejo de ser mãe definiu muitos aspectos das escolhas que fiz como executiva. O principal deles foi a decisão de voltar a viver no Brasil e aumentar o foco nesse aspecto da minha vida pessoal, já que os 40 anos chegariam rapidamente.

Virei mãe da Clara aos 37 anos e fui — como a grande maioria das mães — desafiada a trabalhar minhas crenças em diversas áreas da vida. Não foi diferente em relação à carreira. Se antes a alta performance exigia uma longa jornada diária, agora era importante tentar desempenhá-la com muito menos horas no escritório.

Eu gostaria de dizer que continuei gerando resultados no mesmo nível. No entanto, o desempenho caiu para um patamar que não me impediu de continuar em destaque. Por outro lado, a mudança interna foi inquestionável. Através de Clara, voltei a me conectar comigo mesma em um nível tão profundo que eu não conseguia mais ignorar os chamados da Alma. Eles iluminavam identificações importantes que colaboraram para a construção de meus Propósitos.

## Propósito

Em cerca de seis meses atuando nessa área, percebi o quanto minhas experiências anteriores e cursos diversos estavam influenciando a minha atuação como coach e mentora. Foi quando decidi buscar uma formação mais profunda na área de desenvolvimento humano. Virginiana que sou, decidi ir à fonte original: Freud.

Foram três anos de formação em Psicanálise clínica, que transformaram minha compreensão sobre o funcionamento daquele ser humano que eu mais queria entender: eu mesma! Foi, e segue sendo, um exercício de flexibilização do ego; de aceitação das minhas e das suas imperfeições que são, nada mais, nada menos, o que nos torna seres únicos.

A Psicanálise tornou-se um forte pilar do processo de coaching, aprofundando o autoconhecimento; um degrau para entrar em ação de forma consciente, gerando resultados mais profundos e duradouros.

No início, o uso da metodologia gerou críticas de profissionais mais puristas de ambas as áreas. Porém, os resultados e a demanda cada vez mais forte me mantiveram firme no propósito de apoiar aqueles que me procuram a se responsabilizarem pelas suas escolhas, buscando uma vida plena!

Durante quatro anos, exerci o coaching em paralelo com a área financeira. Quando deixei a Arcos Dourados (2017), passei a atuar exclusivamente como coach e Psicanalista em São Paulo e Santos.

Sempre sou questionada sobre essa transição do financeiro para o desenvolvimento humano. Um grande amigo chegou a me provocar: "Quantas carreiras você pensa que pode ter?". Talvez algumas, pois, como já deu para notar, essa nova fase se deu em um processo que foi se mostrando aos poucos, impulsionado pelo desejo incessante de me entender e de compreender o outro. Em outras palavras, a transição foi determinada por um Propósito que nunca se calou.

Quando criança, meu propósito era acabar com a pobreza no Brasil e na África. Creio que muitos que viveram os anos 1980 — a década perdida — tiveram o mesmo desejo. Confesso que não me mobilizei para tanto, mas o desejo de contribuir para que as pessoas sejam mais felizes continuou vivo em meu ser.

Vejo muitos pacientes, amigos e conhecidos, questionando qual é o seu propósito. Considero que não temos apenas um propósito ao longo da vida, mas, certamente, há um que ganha no quesito insistência. Esse sempre volta à nossa mente. Só conseguimos identificá-lo quando experimentamos vivê-lo. Sentindo o preenchimento da nossa alma, sentimos a vida plena!

Por que viver com propósito parece ser um privilégio de poucos? Acredito que a vida é movimento. Movimentar-se implica uma boa dose de risco e loucura. Ser louco para sonhar e se jogar no vale do desconhecido. Para isso, precisamos de uma dose cavalar de otimismo, que podemos buscar na nossa própria história. Isto vem da consciência de que, mesmo se algo der errado, podemos encontrar uma forma de obter sucesso. Afinal, se conseguimos enfrentar tantos desafios e fantasmas internos e externos, preservando nossa existência, somos todos, sem exceção nenhuma, bem-sucedidos!

Logo que deixei a Arcos Dourados e concluí minha formação em Mediação de Conflitos em Portugal, passei a apoiar e ajudar empresas e famílias a solucionarem seus conflitos sem depender do Estado. Tal trabalho me levou à especialização em Psicanálise Familiar. Hoje, também apoio casais, pais e filhos que desejam viver melhor através do autoconhecimento e do entendimento da dinâmica de seus vínculos.

Se posso deixar alguma provocação para você, que chegou até este ponto da narrativa, é: busque se conhecer e assuma as rédeas da sua própria vida.

Por uma vida plena!

# ilustrada

*"Porque o pano caiu sobre a velha ordem e nenhuma outra ordem a substituiu, temos que improvisar o futuro como nunca"*
André Gorz

"Minha reinvenção aos 59 é colocar a cara e os blocos nas ruas. Dói. Seres midiáticos tomaram conta do planeta e parecem se multiplicar como coelhos ao longo deste século insólito, recriador e destruidor de trabalhos, empresas, profissões."

# PSICODÉLICO

# 3

## 59

*Por Cassiano Polesi*

*Entender o que fazer
pode levar uma vida inteira.*

Poderia ser 17. Ou 19. E 21! 20 e 22 forjam um sentido. 23 foi importante. E 24. E 28, igualmente. 30 foi ok. 32, fundamental. E 34!! E 38!!! 40, a suspensão, suspeição, apreensão. 48, uma pequena obra. 49, aposta alta. Aos 51, o peso sombrio do novo século ficou evidente. 55, ajusto a bússola. 57, grandes aprendizados. 60 é logo ali. Quando vier 64, o clichê: espero de mim uma felicitação e uma garrafa de vinho.

O que acontece aos meus 59? Nova reinvenção, de tantas.

A aposta é no que rendeu melhores resultados ao longo dos tempos: negociar imóveis. Não me pergunte como vira gestor imobiliário alguém nascido com a pele editorial, da indústria jornalística, da tipografia impregnada na infância pelo chumbo de um linotipo — essa coisa midiática toda; alguém que sempre se viu um pretenso comunicador e tal. Também não sei. Essa é a missão deste texto: entender como cheguei aqui.

Sigo pistas. A reinvenção começa ao mirar negócios, *marketing*, planos de querer fazer render — verbos enfileirados assim têm a função de reverberar prosperidade. Minha reinvenção caminhou até vendas.

Ser cria das escolas de jornalismo — no meu caso, escolas pessoais, familiares e acadêmicas — e virar outra coisa no caminho é o destino de centenas ou milhares. Ou milhões, numa escala mundial. Jornalistas. Bancários. Médicos. Engenheiros. Enumere as profissões possíveis. Singrar de uma atividade para outra é o que muitos fazem o tempo todo. Demoramos para descobrir que não existem profissões, apenas o fazer.

Minha reinvenção aos 59 é colocar a cara e os blocos nas ruas.

Há uma dor aí e ela se revela do lado de cá de forma tola: deixar de lado a discrição e estampar a cara em cartões e ações nas infinitas e ditas redes sociais. A fórmula é ser conhecido. Fotos, vídeos, *posts*. Há como fazer dinheiro sendo invisível?

Dói. Seres midiáticos tomaram conta do planeta e parecem se multiplicar como coelhos ao longo deste século insólito, recriador e destruidor de trabalhos, empresas, profissões.

Os negócios seguem como sempre: cara a cara. A diferença está em estar cara a cara com infinitas outras caras, que igualmente querem estar cara a cara comigo e com você.

É possível existir no planeta contemporâneo e prescindir do apelo midiático? Sim, claro. Cada vez menos. Aos meus 59, paulistano da Mooca, crescido no cinturão do ABC paulista, viver *desplugado* está fora da mesa.

Avalio a oportunidade de iniciar um atendimento no mercado imobiliário. Meu gestor é categórico: em imóveis, é fundamental ser conhecido para atrair vendas. Ajoelho e rezo: saio dos meus bastidores, acerto o passo rumo ao mundinho midiático.

Meios e mensagens foram meu gosto desde a adolescência — lembro-me de produzir jornaizinhos na escola com apenas 15 ou 16 anos. E daí? Minha indústria de origem e algo familiar mudou. Resta a reinvenção. Sair do bastidor para o palco. A gente se acostuma.

Reviro papéis velhos. Resgato a puída carteira de trabalho. Confiro datas. Ajusto os números acima. Devem estar certos. Faltam momentos de reinvenção? Muitos. E falta a história pessoal, verso da moeda profissional. Vamos lá.

Aos 17, o aprendizado foi ser fotógrafo em um jornal de viés sindical, quando o sindicalismo em uma região como o Grande ABC era uma das cordas de transmissão da ação política das esquerdas. Nossa ditadura ainda durava. Porém as tensões rumo à redemocratização começavam a fervilhar.

Ingênuo, fiz daquele trabalho minha resistência pessoal. Descobri que meus pendores fotográficos eram quase nulos; apenas a boa vontade dos meus chefes me manteve no projeto, enquanto existiu.

Com 19, meu vínculo familiar me fez fotógrafo daquele que chegou a ser o maior jornal regional brasileiro, quando veículos dessa natureza enfrentavam reveses tecnológicos rasos, comparados com a explosão da internet. Jornais antes se preocupavam com desafios envolvendo seus processos industriais — sair da impressão via linotipos para a impressão eletrônica e, depois, para a ampla informatização —, algo diferente da *web*, que redefiniu o modelo de negócio. Outra história.

Ser fotógrafo no Grande ABC nos fins da década de 1970 foi emblemático. Privilégio estar no centro da efervescência que nasceu por lá, a partir da greve geral deflagrada em março de 1979, a primeira em mais de uma década. O Brasil mudava, e muito dessa mudança passou por lá, para o bem e para o mal. À parte o destrambelhamento político que desaguou no segundo *impeachment* da nossa promissora coleção, foi emocionante estar no então estádio da Vila Euclides; é emocionante a reportagem fotográfica e o jornalismo a sério.

Bacana.

Mas uma luz dizia: *não é isso...* embora não dissesse o que é.

Os 20 e 22 formam um contínuo dedicado à produção gráfica; voltei ao tal jornal regional, na diagramação, quatro mesas agrupadas no meio da redação. Era o mesão. Lá, eu tremia o tremor do aprendiz. O editor sentava-se ao meu lado e esperava... olhava para os lados, puxava um cigarro... E esperava. Eu não sabia o que fazer com a folha vazia à minha frente. Clamava para que ela mesma me apontasse a solução, como uma esfinge condescendente.

Em pouquíssimo tempo os editores faziam fila para *não* se sentarem ao meu lado, disfarçavam e aguardavam vaga no trabalho dos outros três diagramadores experientes da casa. Os editores me evitavam porque fechar um jornal é algo rápido, ninguém quer empacar no caminho de uma página. O trabalho da diagramação era propor um rumo em segundos, após entender o que seria destaque, o que deveria ser cortado, o que poderia cair.

Um dia, irritado com minha inépcia ao ver eu olhar aquela folha enorme sem ter reação prática, um colega do mesão me disse: "Cassiano, a solução da página está na sua cabeça, não na página!!!" Foram anos para captar o que esse mestre queria me dizer.

Que bronca... E a luz repetia, angustiada: *não é isso...*

Aos 23, seis meses nas ondas do rádio, num projeto algo exótico. Rádio é um veículo delicioso e intenso. Aprendizado singular. Passou. Marcou. E a luz dizia, *não é isso...* embora novamente não esclarecesse o que é, era, será.

O rádio não conflitou com minha vida gráfica. Fui contratado para produzir o jornal do curso de jornalismo onde me formei — trabalhava e estudava por lá. É o que consta nas páginas amarelas da minha carteira de trabalho. Um colega da faculdade passou a dica: estavam buscando diagramadores na *Folha de S.Paulo*. Grande passo. Aos 24, entrei na tal grande imprensa. Outro mestre me guiou por lá. Ou dois. Ou três. Sei lá, tive vários anjos profissionais naqueles tempos.

O *Folhão* foi uma escola. Fácil dizer. Difícil foi o desafio — palavra curricular para descrever meu susto deslumbrado. Desafio é quando a gente sabe o que faz. O pavor do mesão anterior foi amplificado. Jornalão já àquela época, cada editoria tinha seu próprio diagramador. Comecei por uma das mais tensas, hoje conhecida como Cidades, a que trata do nosso dia a dia.

Suava rios diariamente; me atrapalhava todo no fechamento, ladeado por jornalistas que conseguiam fazer graça enquanto faziam daqueles momentos cruéis contra o relógio um jornal para o café no dia seguinte. Nas horas vagas, municiava meu chefe com sugestões e ideias gráficas. Escapei do olho da rua talvez por isso. Ele me levou para uma editoria mais tranquila. Com tempo de sobra, ampliei minhas colaborações de criação.

Essas iniciativas paralelas me levaram à Ilustrada, um dos mais influentes cadernos de cultura do jornalismo brasileiro. À época, foi muito inovadora. Sem perceber, entendi a frase do meu colega de anos anteriores. Uma boa ideia está na sua cabeça. Senti pela primeira vez a agradável plenitude profissional. Minha experiência na Ilustrada foi exemplar. Na definição que ouvi naqueles dias, minhas páginas eram boas porque tinham atitude. Atitude. Interessante.

Pela primeira vez, experimentei um sentimento fundamental: meu trabalho era impactante e, ao mesmo tempo, fluía simples e fácil. Todo dia era uma ideia boa para os queridos leitores. Foi ótimo enquanto durou. Fiquei por lá uns dois anos, saí por conta de um desgaste profissional bobo. Fui fazer outras coisas, como minha estreia em assessoria de imprensa — sem qualquer noção do que seria isso.

Sim, aquela luz luzia seu brume angustiado, continuava a me dizer: não era aquilo.

Vaguei em trabalhos variados de produção editorial até retornar à *Folha* com o objetivo de escrever. Ser repórter. Quem sabe editor? Riscar páginas não tinha futuro, embora tenha as melhores lembranças daqueles tempos de Ilustrada — é que também vivi naqueles dias a planificação acelerada do jornal, rumo à informatização completa. Riscar páginas era bacana. E sem futuro. Aos 28, escrevia para o caderno de negócios, a um passo do *marketing*, que só iria estudar anos depois. Escrever também saía fácil, sem angústia. O fato é que a luz continuava a me incomodar.

Por conta da mesma luz, fiz uma aposta arriscada aos 30, um pouco em função de uma vida pessoal destrambelhada e de algumas oportunidades. Fui parar em Nova York, por um ano. Poderia ter ficado por lá, até me daria bem; nunca foi a ideia. Voltei no prazo previsto.

Embalado pela experiência e contatos no exterior, consegui realizar aos 32 um evento de impacto no Brasil, para quem gosta: Tipo92, uma mostra internacional de tipografia. Rendeu manchetes no *Globo* e na própria Ilustrada. Pela primeira vez, realizei um projeto de sucesso em parceria com meu pai. Sucesso promocional, bom dizer. Em termos financeiros, a conta não fechou. A luz novamente apareceu para avisar: *não é assim que se faz...*

Cheguei aos 40 quebrado pela aposta na *web*. Foram oito anos de muito trabalho, entre uma editora e um empreendimento "de internet".

Entrei na revolução digital apostando no conteúdo das coisas. A análise foi correta. A prática, um desastre. Como em todo o planeta, poucos sobreviveram. No paralelo, experiências imobiliárias me salvaram muitas vezes. A luz luzia, sutil.

Os 48 foram embotados pela crise nos negócios familiares iniciada nos primeiros anos deste século XXI. Novos ventos bateram em três frentes. No lado tecnológico, o impacto da internet sobre os jornais — esse havia sido o principal negócio da família desde 1957. No lado empreendedor, os abalos que sacodem qualquer negócio que tenha vingado na primeira geração ao migrar para a segunda geração. Pode ser um salto mortal.

No lado político, a experiência regional no final da década de 1980 das práticas entre o público e o privado que anos depois se estenderam a grandes empresas brasileiras. Não cabe aqui. Com tanto na cabeça, finalizei um livrão, um estudo comparado sobre a evolução das mídias. Pensei que o livro fosse abrir muitas frentes profissionais. Não aconteceu.

Com poucas alternativas, fiz nos meus 49 uma aposta altíssima: vendemos um apartamento e passamos dois anos em Gainesville, cidadezinha na Flórida, EUA. Escrevo no plural, porque foi uma aventura familiar — e um risco financeiro, bom lembrar. Abandonei um talvez promissor trabalho autônomo em comunicação empresarial para buscar um mestrado em relações públicas pela Universidade da Flórida, passo além da minha pós-graduação em comunicação de *marketing*, pela USP, anos antes. A luz a esta altura já havia desistido de iluminar minhas trevas.

Mestrado concluído, o projeto de virar a chave profissional nos EUA não aconteceu. Voltar ao Brasil foi fundamental. E um desastre. Meu pai se foi algumas semanas depois de chegarmos, foi importante estar de volta. O mundo havia mudado. O Brasil havia mudado. Nós havíamos mudado. Voltar ao país aos 51 é muito diferente de voltar aos 31. A sensação de "estar fora do mercado" mostrou sua cara mais evidente.

Mirei vendas aos 55. Pequena guinada, com mais resultados do que as tentativas anteriores, na minha suposta área de especialização, a comunicação empresarial. A luz inquieta, pulsava: *o que será que será?*

Estamos em 2017, aos 57, e a tensão profissional amplificada por um país em crise — já havia nos anos anteriores o borbulhar do furacão econômico e político que nos brindou uma nova década perdida — degringolou também o relacionamento familiar; meu segundo divórcio foi efetivado ao longo do ano. Procurando saídas, cheguei a um grupo de pessoas igualmente atrás de renovação profissional.

Foi quando conheci uma sábia. Ela me ensinou visões preciosas, que me fizeram rever culpas somadas por anos. Ela está nas páginas deste livro — e não estaríamos aqui sem aquele estalo mágico, surgido do mero acaso das redes sociais que nos inspira e aspira nossas vontades e privacidades.

Descobri a arte do perdão, inclusive para mim. Entendi a plenitude profissional de ser um mero diagramador da Ilustrada, mas que entregava ideias boas sem dificuldade. O que é bom, flui.

59: mergulho no mercado imobiliário, percebo que tudo é simples, leve, solto, fácil. Flui. Ao contrário dos tempos anotados na carteira de trabalho, o salário não está garantido. É o desafio.

Aos 64, quero me dar felicitações e um bom vinho. Vai dar tudo certo.

Até lá!

P.S.: O leitor atento irá perguntar: "E aos 21, 34 e 38?" Meu filho, minha filha e, depois, o caçula. A eles dedico, discretamente, este relato.

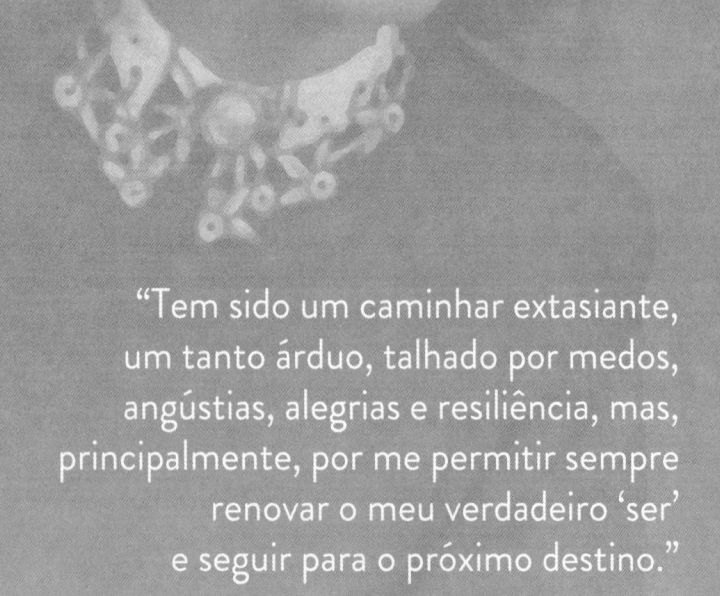

"Tem sido um caminhar extasiante, um tanto árduo, talhado por medos, angústias, alegrias e resiliência, mas, principalmente, por me permitir sempre renovar o meu verdadeiro 'ser' e seguir para o próximo destino."

# 4

# A PARTILHA DE UM SER: CADÊ VOCÊ, MÃE?

Por Celeida Laporta

*"Você não poderá resolver
os problemas que tem hoje
pensando da mesma maneira
que pensava quando os provocou."*
ALBERT EINSTEIN

São inúmeras as passagens de superação e aprendizado durante a minha existência que gostaria de escrever, mas, sinceramente, foi um desafio decidir por onde começar. Foram muitas experiências vivenciadas e vencidas: crescer, estudar, casar, viajar, ser mãe, ser filha, ser profissional, mudar de carreira, ser esposa, ser amiga, ser um "SER" que tem muito para partilhar...

Enfim, um dia ainda vou me debruçar frente a mais essa instigação e escrever um livro sobre tudo isso, com muita calma e zelo dedicados a cada palavra, cada vírgula e cada ponto.

Escolhi este recorte da minha história, pois quero falar sobre dois "SERES", duas mulheres, mãe e filha, filha e mãe. Uma se despediu da sua trajetória nesse mundo com intenso sofrimento, com o descompasso de um coração valente até o dia do seu apagar. A sua jornada final trouxe muito aprendizado para a minha caminhada. E a outra — no caso quem escreve estas linhas — teve uma travessia de paralelos e infinitos saberes, e permitiu-se transformar em um novo "SER".

Vou começar pela mais vivida e experiente, *Ida*, minha mãe, Dona Ida. Uma mulher fora da curva para a sua geração, daquelas que tira o ar aos olhos do senso comum das pessoas. Sem falar dos seus olhos azuis, aqueles olhos intensos e brilhantes que permanecem em retrato e obra nos meus registros de memória. Aliás, minha avó também trazia tais traços. Em uma época em que a palavra "feminismo" nem aparecia nos dicionários, vovó dirigia e era independente, como minha mãe, que, além de pilotar, atuava na área de tecnologia, lia muito e amava viajar.

Duas leoas! Mulheres protagonistas de suas vidas, que já nasceram com o reconhecimento de sua força feminina, do espírito e do instinto que demonstra o verdadeiro poder da mulher, completamente disruptivas para suas gerações.

Mamãe e papai tiveram três filhos, eu e meus dois irmãos. Meu pai faleceu e ela decidiu morar sozinha pela primeira vez aos 62 anos. Esta foi a primeira ruptura de alguém que estava acostumada com uma família unida, que carregava fortes traços de sua ascendência italiana.

Porém, este não foi o acontecimento que provocou a sua maior desconexão da realidade. O que fez realmente com que Dona Ida perdesse os prumos foi a perda do seu filho do meio de forma abrupta, o que acarretou a dissociação do seu "SER" e da sua vida. Perder o marido faz parte dos riscos preestabelecidos pelo nosso subconsciente, mas ver um filho partir é diferente. O fim da vida de um filho para uma mãe é uma quebra do código existencial que gravamos em nosso subconsciente.

Meu irmão faleceu aos 45 anos, em decorrência de uma cirurgia bariátrica. Mamãe sempre quis que ele fizesse essa cirurgia, devido à sua obesidade. Lutou a vida toda para que meu irmão controlasse a sua alimentação e fizesse regime. Foram anos e anos de tratamentos em clínicas de emagrecimento, por ela não aceitar como cada "SER" quer ser.

Finalmente, Dona Ida acabou convencendo-o a submeter-se à operação, em uma época em que as técnicas dessa cirurgia ainda eram muito incipientes. Infelizmente, meu irmão, Marco Aurélio, com seus impenetráveis olhos verdes, veio a falecer meses depois da cirurgia, em razão de uma infecção generalizada.

Esse foi, então, o corte decisivo; a ferida que jamais se cicatrizaria diante dessa morte prematura, com a lógica invertida da perda de um filho por uma mãe. Apesar de passar a imagem de uma pessoa forte e estruturada, esse era o ponto vulnerável de Dona Ida, frente à fragilidade tênue de responsabilidade e culpa que paira sobre toda mãe.

Todos nós sabemos que a maternidade é algo complexo, independentemente da força que se tem, sempre há aquele "quê" de culpa quando algo de errado acontece na vida de nossos rebentos, por amá-los incondicionalmente. Enquanto mãe, demoramos muito tempo para entender que somos um meio para trazer aquele ser humano para a vida, sem forças para estabelecer o seu fim neste mundo, entendendo que ele tem uma existência própria, com escolhas particulares, que acarretarão consequências futuras. A dificuldade para uma mãe é compreender e aprender sobre o rompimento do cordão umbilical do nascimento e da morte de um filho.

As mães não pensam assim, ou melhor, mães não devaneiam com racionalidade, trata-se de um amor indestrutível que transcende o desconhecido universo. E digo isso com experiência na área. Basta o nosso pequeno adoecer para querermos ficar doentes juntos e sofrer da mesma dor. Diante de qualquer falha que cometam, nos sentimos completamente culpadas, por não compreendermos que somos um meio para o início de um novo ser, e não o seu fim.

Mas em algum ponto, invertemos a lógica sistêmica de papéis entre pais e filhos. Uma inversão proporcional e intensa, no instante em que nossos pais estejam fragilizados; quaisquer que sejam os motivos que os levaram a tal situação, a partir desse momento, se tornam nossos filhos. Confesso que a culpa também me consome internamente quando falo do próximo período da vida da mamãe. Eu não estava com ela no exato minuto em que começou a se esquecer, quando suas mãos começaram a tremer, no pleno e perceptível instante em que estava envelhecendo e adoecendo, como se isso fosse possível!!

E na mesma sintonia, como as mães, a filha mulher, por sua essência maternal, atribui a si própria um encargo sem limites em relação aos cuidados com os pais e, em especial, com a mãe: Como lidar com essa responsabilidade complexa e estigmatizada de se culpar por tudo e por todos, que o feminino gerador assume impregnado no seu DNA?

Tive um aprendizado significativo em relação ao sentimento culposo dessa ligação entre mãe e filhos. Tentei passá-lo para os meus adoráveis Mayara e Paulo, deixando claro que, apesar de os filhos terem responsabilidades com os pais, no sentido de que são nosso elo maior que nos une à vida e nos transformam em seres para "SER", temos de desenvolver as tais responsabilidades de maneira natural para não se reverberar em peso, e, sim, em amor.

## As pedras no meio do caminho

E ele se apresentou para ela, de forma fugaz. O algoz Alzheimer foi se manifestando e se fez presente na vida de Dona Ida. Relutamos para entender que ele era o problema. No começo, as mudanças de comportamento pareciam algo relacionado à idade, ao gênio de uma mulher independente e firme que não cederia facilmente a uma doença que encapsula o ser e lhe toma a vida em vida. Foram inúmeras situações e sinais, dos quais ficamos fugindo com o olhar de lentes desfocadas, permanecemos inertes tentando esconder um problema que, lá no fundo, sabíamos que era maior. Tudo isso para não perceber que aquela guerreira havia sido desarmada; que tínhamos de mudar toda a hierarquia sistêmica, passando a tratar aquela que com tanto amor nos acolhera para a vida com as estruturas de uma fortaleza imbatível, como um frágil filhote indefeso.

O evento mais marcante, que fez com que tomássemos consciência de que minha mãe estava muito doente, aconteceu em um final de semana que me remete a sentimentos de dor e angústia. Todo sábado eu a levava para a minha casa. Depois de alguns episódios que demonstraram sua vulnerabilidade, ficamos ainda mais alertas.

Bom, nesse final de semana, comecei a ligar para ver como ela estava e nada do telefone ser atendido. Pensei que ela tinha ido ao clube, fazer compras ou coisas cotidianas. O tempo passava, ela não atendia e minha preocupação só crescia, até que comecei a ligar para todo mundo: irmão, tia, vizinhas, cunhada, amigas, e nada de notícias.

Peguei o carro e fui direto para o apartamento dela. Foi quando o pessoal do prédio falou: "Olha, a Dona Ida saiu logo cedo de carro." Sim, isso mesmo, mamãe ainda dirigia e não admitia parar em decorrência dos eventos de esquecimento. Ela até mantinha várias cópias da chave do carro, afinal ele representava o símbolo da sua locomoção, do seu desejo inerente de independência para ir e vir.

Assim começou a nossa agonia, e confesso que tenho dificuldades de recordar tais acontecimentos. Meus dedos tremem ao teclar cada letra e minha voz enrouquece ao tentar reler esse episódio. Milhares de coisas, sentimentos e lembranças passam pela minha cabeça. Coisas que não tenho como descrever.

Em meio ao desespero, liguei para o meu irmão para tomarmos providências. Eu sempre deixava nas bolsas dela bilhetes com informações básicas para situações de emergência. Dona Ida sempre retirava os tais bilhetes da bolsa, dizendo que não admitia ser controlada. De tempos em tempos, lá ia eu colocar todos os papeizinhos de volta, implorando para que ela os mantivesse caso ocorresse algum infortúnio.

O plano era o seguinte: cada um ficaria em uma casa à espera dela com celulares e telefones fixos no caso de alguém encontrá-la e nos contatar. Estávamos desnorteados na esperança de alguma informação sobre o paradeiro da minha mãe.

Todos a postos, mas nada de Dona Ida. Começou a bater aquele desespero. Ligamos para a polícia, detalhamos toda a situação, e pediram que aguardássemos, pois, por hora, não poderiam fazer nada.

O que é importante lembrar desse dia? O terremoto de emoções e sentimentos pelo qual passamos. Foi uma verdadeira montanha-russa, um turbilhão de sensações, aquela sequência de minutos intermináveis em que você fica paralisado, sem ação, completamente perdido. Começou a entardecer e tudo continuava na mesma. A única coisa que aumentava era a nossa sensação de impotência, todas as nossas ações estavam castradas. O carro não tinha rastreador, ela não andava com celular e todas as pessoas possíveis e imagináveis já haviam sido informadas.

O abatimento diante da situação já estava nas nuvens, fora do aceitável. Era hora do medo agir. Começou a brotar no cérebro de cada um o temor de nunca mais vê-la. Agora eu sabia como aquela mãe, cujo filho havia desaparecido em um furacão, cujo filho não havia voltado para casa, se sentia. E esse efeito patológico levou todos à loucura. Ninguém falava, o silêncio e a apreensão dominavam nossas almas, todos sabíamos o que podia ter acontecido. Era precoce pensar assim, mas era a soma do medo com a nossa impotência ecoando em nossas cabeças.

Lá pelas onze da noite, o telefone tocou. Alguém perguntava se era ali que morava Dona Ida. A impotência havia saído da nossa mente, mas o medo, ainda, estava lá, cada vez mais presente, cogitando milhares de tragédias possíveis pelas quais ela poderia ter passado no tempo em que ficou sozinha.

Um primeiro alívio para um respiro, disseram que ela estava bem e que fôssemos até o bairro do Itaim para encontrá-la. Não tivemos tempo de cogitar a possibilidade de um trote, um golpe ou qualquer outra coisa negativa. Eu só queria encontrá-la e protegê-la. É nestes momentos que emerge a tal inversão, começamos a observar nossos pais como filhos, como criaturas frágeis e dependentes que precisam muito de nós.

Depois desse ocorrido, a culpa começou a assolar minha mente. Mamãe estava dirigindo no bairro do Itaim, perto da Rua Tabapuã, com o carro em primeira. Encontrava-se em estado catatônico, sem saber a que mundo pertencia. Foi quando um casal de médicos percebeu que ela dirigia de forma estranha. Eles, então, sinalizaram para ela na tentativa de alertá-la sobre o farol que estava com problemas.

Quando conseguiram fazer com que ela encostasse o carro, começaram a questioná-la: "Quem é a senhora? Qual é o seu nome? De onde a senhora veio? O que a senhora está fazendo aqui? Onde a senhora mora?". Mas ela só conseguia fixar seus brilhantes olhos azuis e responder serenamente que não sabia de nada.

Foi quando o casal de médicos percebeu o que estavam acontecendo. Tentaram pegar a sua bolsa para fazer contato com alguém. Vale lembrar que ela era paranoica com sua bolsa, eram inseparáveis. Eu mal conseguia colocar bilhetes ali, imagine se estranhos poderiam tomá-la. Seu estado de humor se transformou e ficou agressiva, impedindo que eles procurassem uma pista ou um telefone de contato.

Sem alternativas, os médicos chamaram a polícia. Disseram que o policial foi muito cuidadoso. Creio que foi por ver a figura da polícia que mamãe ficou mais tranquila. O policial pediu para ver o documento do carro, onde eu havia colocado um dos meus bilhetinhos com contatos.

E assim, fomos buscá-la. Dona Ida chegou em casa em um estado deplorável. Passei a noite inteira chorando, sem entender o que estava acontecendo. A sensação da filha mulher que não impediu que algo de ruim acontecesse à mãe tomou conta de mim.

Aos poucos, mamãe começou a reconhecer-nos, mas não se lembrava do que havia acontecido e nem sequer aonde tinha ido. Chamei-a para tomar banho. Foi quando descobri que ela tinha estado o dia inteiro perdida, dirigindo sem direção e sem qualquer reconhecimento de quem era e para onde iria. Diante das gotas que caiam do chuveiro, as lágrimas, de modo sincrônico, se acumulavam em nossos rostos, mãe e filha chorando. Foi a última vez que vi minha mãe chorar. Mamãe estava muito doente, uma doença de alma, de envelhecimento, degenerativa, hereditária, sabe-se lá o quê.

Daí para as internações decorreu um lapso temporal, em que não consigo mais identificar como e quando as coisas transcorreram. O período em que ela esteve internada — foram muitos meses — foi muito difícil, um desfiladeiro de sofrimento, todos os dias no hospital, ora com esperanças, ora com desesperanças. O fato é que o seu quadro só piorava.

Quando ela perdeu totalmente os sentidos e o contato com este mundo, permanecendo naquele estado em que somente os seus olhos azuis cintilavam, vivendo em seu universo paralelo, em que é muito difícil entender as angústias daquela pessoa, comecei a ver a minha referência, minha fortaleza, desmoronando aos poucos. Era como se um castelo de cartas se abrisse todas as vezes que eu via mamãe, e sabia que a mais leve brisa faria com que ele desabasse.

As horas no hospital eram controladas por minutos e segundos intermináveis, eu lia, conversava, tentava fazer de tudo para distraí-la, mas mamãe já não estava mais lá, eram tempos difíceis de compreender e de se viver. Naquela fase, conversei com muitos parentes de pessoas em coma, que me ajudaram a entender como era passar por tudo aquilo. Tive neles cúmplices de uma situação que não há como descrever.

São esses momentos dolorosos que invadem nosso "SER", que a vida decreta impiedosamente, que nos transportam a tirar reflexões de como não podemos controlar o que nos trará essa tal de existência.

Doí lembrar que, pouco antes de mamãe ser internada, um dia, chegamos no seu apartamento e lá estava ela, sentada, e havia embrulhado com jornais tudo o que tinha na casa: quadros, talheres, copos, pratos, tudo o que você possa imaginar estava empacotado, exceto por algumas pedras. Então, perguntamos o motivo daquelas pedras não estarem embrulhadas — e ela simplesmente respondeu que seriam para ela comer quando tivesse fome.

Nunca aceitei esse episódio, mas, na minha visão, tal evento demonstra o quanto a vida de Dona Ida foi uma viagem com percalços, alegrias, pedras no caminho e muita vontade de viver, mesmo que em um "mundo paralelo".

Após praticamente dois anos em um labirinto tortuoso sem saída, ela partiu aos 82 anos, ou talvez já tivesse partido e nós não sabíamos.

Essa experiência de superação me deu a oportunidade de ressignificar crenças e valores da minha vida e de me conduzir a uma transformação na mulher que sou hoje. Entender que o propósito das emoções e das marcas das nossas vivências são alicerces para nos ajudar a lidar com tudo que acontece à nossa volta.

Ainda tenho muitas outras vivências para narrar, como matemática, advogada, mediadora e coach que um dia escreverei de forma ainda mais detalhada, capítulo por capítulo, de tantos episódios vividos. Com serenidade, degustando de forma cadenciada cada uma das aventuras dessa viagem que a vida tem me proporcionado.

Tem sido um caminhar extasiante, um tanto árduo, talhado por medos, angústias, alegrias e resiliência, mas, principalmente, por me permitir sempre renovar o meu verdadeiro "SER" e seguir para o próximo destino.

## Olhos azuis... Por quê???

... azuis profundos, sem definição...
... azuis intensos e perdidos na imensidão de uma zona desconhecida...
... azuis lindos e com expressões sofridas...
... azuis que perseguem o céu e o mar...

Esses olhos nos tocam nas nossas almas, aliás são um olhar da alma, do espírito que está não se sabe onde, talvez preso, perdido ou quem sabe em viagem para um lugar em que estes vibrantes olhos azuis possam "viver".

Sei lá... parece tudo tão estranho, tão desafiador para nosso parco conhecimento... às vezes fica escuro e às vezes fica tudo tão claro...

Que tipo de viagem é esta???? Ela dói demais, nossos corações choram, nossa mente está em total perturbação buscando respostas!!!!!!

E aí, olhos azuis??? Intensos e tão especiais, quantas imagens você já registrou...???

Clicou...?? Vivenciou???

Leve com você as melhores imagens, as mais tenras, as mais amorosas e felizes. Tenho certeza que esses melhores momentos irão te alimentar nessa nova jornada cheia de luz, plena de harmonia e compreensão.

Todas as peças do seu quebra-cabeça serão achadas, colocadas em um belo quadro, no qual será pintada a sua história. E que história!!!!!!

Lembra, olhos azuis, quando você tentou descrever aquele quadro??? Ainda não estamos entendendo, imagine naquele dia... Mas vamos continuar, que as respostas, o entendimento, a compreensão irão convergir e serão apresentadas a todos nós.

Seu quadro vai ser muito belo, sua história, trajetória e caminhada estão sendo pintadas com um profundo tom azul da sua alma e dos seus lindos olhos.

Com amor de uma filha.

"Nesse momento, a única coisa que eu pensava era em acabar com a minha vida. Eu já estava naquele processo de depressão; para um ego identificado com a vítima, o suicídio é a glória."

# 5

# MEU REZO, MEUS JAPAMALAS

*Por Denise Datovo*

*A vida me convidou para um exercício de entrega e fé.*

Meu nome de nascimento é Denise Datovo, o de renascimento Anand Sahasa, meu nome espiritual. O significado é Coragem Abençoada. Trabalhei por vinte anos no mercado financeiro e retirei de Fernando Teixeira de Andrade o pensamento que mantive colado na minha mesa no último banco em que trabalhei. Eu o lia ao chegar, todos os dias; era o meu mantra:

> *Há um tempo em que é preciso abandonar as roupas usadas, que já têm a forma do nosso corpo, e esquecer os nossos caminhos, que nos levam sempre aos mesmos lugares. É o tempo de travessia: e, se não ousarmos fazê-la, teremos ficado, para sempre, à margem de nós mesmos.*

Em 2011, entrei em um processo de depressão e fiquei onze meses afastada do banco; não me reconhecia e imaginava se um dia iria parar de chorar e voltar a sorrir. Decidi olhar para dentro.

Numa busca sem qualquer planejamento, desembarquei na Índia em 15 de novembro de 2012. Foi a maior viagem da minha vida: para dentro de mim mesma.

Havia começado minha busca no início daquele ano. Fiz cursos de meditação e frequentei o Budismo Kadampa, no interior de São Paulo. Ia para lá todo final de semana, para trabalhar no café e meditar. Aquilo me deixava mais calma, mais em paz.

Antes, havia feito um curso de Feng Shui, algo que sempre estudei, mas nunca tinha pensado que pudesse ser um trabalho, e foi lá que soube do grupo de viagem para a Índia.

Nada foi programado; em vinte dias, decidi viajar. Foi um processo de muita transformação na minha vida. Foram quarenta dias em um retiro espiritual; me sentia como se eu fosse muito pequena aqui no Brasil e uma grande mão tivesse me pegado e me colocado lá; e a cada dia sentia uma expansão e crescimento.

Quando voltei para o Brasil, havia esse processo de transição de sair do banco, mudanças drásticas na minha vida pessoal, pois eu estava em um processo de ruína financeira. Minha vida tinha realmente virado de cabeça para baixo. Na Índia, pensei: tantas coisas lindas, tanta transformação acontecendo, vou chegar no Brasil e tudo irá ficar bem.

Não.

Foi o contrário.

Minha vida virou de ponta-cabeça, perdi todos os bens materiais: apartamento, móveis, carro. Tudo. Não entendia o que estava acontecendo. Eu tinha vendido meu apartamento e emprestado todo o dinheiro para uma pessoa que trabalhou comigo em um grande banco, e ela sumiu. Fiquei sem dinheiro, sem apartamento, sem emprego, sem nada.

Aprendi na Índia a entoar mantras no japamala. Os monges falavam: quando estiver em um momento de muito conflito, reze no seu japamala dez voltas, 1.080 mantras consecutivos. Então, você receberá a resposta.

Um dia, eu estava totalmente perdida, sem saber o que fazer. Pensei: a única coisa que me resta é rezar. Peguei um japamala que havia trazido da Índia, escolhi o *moola* mantra, fiquei cinco horas rezando. Eu precisava que alguém me ajudasse. Para mim era um exercício muito difícil pedir ajuda, então havia esse processo também, de aprender a pedir ajuda.

Quando terminei de *mantrar* no meu japamala, após cinco horas, uma voz falava ao meu ouvido: "peça ajuda para o pai da sua filha". Mas a minha mente condicionada me dizia: "não, que absurdo, ele não vai aceitar". Essa voz... o que eu posso fazer? Só posso pedir ajuda para ele.

Eu pedi e ele disse OK, que ia me ajudar. Precisava alugar um apartamento no nome dele, para morar com minha filha, pois estava sem ter onde morar e sem ter como alugar — sem dinheiro, sem emprego, como iria alugar uma casa?

Que incrível isso... Minha reza deu certo. Quando fui morar no apartamento com a minha filha, queria saber por que isso estava acontecendo comigo, a minha verdade, que é uma coisa perigosa de se perguntar.

Eu era tão ingênua que não sabia quão perigoso é saber a nossa verdade.

Estava completamente identificada com a vítima. Fui vítima de um golpe, de uma golpista, e fui tão generosa. Por que isso aconteceu?

Comecei a entoar um mantra no meu japamala durante toda a noite, terminei em torno das quatro horas da manhã. Às oito, o telefone tocou. Era a pessoa que eu tinha colocado para cobrar a golpista, e eu tinha esperança de recuperar aquele dinheiro.

Essa pessoa me disse: "Denise, estou te ligando para dizer que estou desistindo do caso e te aconselhar a desistir também, porque essa pessoa é uma estelionatária; ela veio ao meu escritório com o namorado, colocou um revólver em cima da mesa; acho que você deveria esquecer isso e recomeçar sua vida."

Deus! Fiquei pensando, como assim? Esquecer o valor de um apartamento? Ele falou que ela não iria me pagar. Ela não tinha assinado nenhuma confissão de dívida, nada, não havia nada jurídico para se fazer.

Fiquei completamente perdida; tinha esperança de conseguir recuperar o que havia emprestado. Quando ele desligou o telefone, o pai da minha filha ligou e perguntou como estava o processo. Expliquei o que eu havia acabado de saber.

Naquele momento, ele despejou um caminhão de lixo em cima de mim, disse que eu tinha sido uma tonta, que era um absurdo, que tinha destruído a minha vida, a vida da minha filha, mas que ele sabia o motivo.

A última frase dele foi: "Sei por que você fez isso, Denise: porque você tem uma puta baixa autoestima." E desligou o telefone.

E ali foi a minha verdade.

A minha verdade realmente era essa. Quando ele desligou o telefone, me veio como se fosse um filme na minha cabeça e eu comecei a ver que a minha vida até aquele momento era um programa que se repetia.

Não naquele montante de dinheiro, mas sempre envolvendo questões financeiras, eu levava pequenos golpes, pequenos roubos. Não era vítima de nenhum deles, eu tinha dado permissão para as pessoas fazerem isso comigo. Eu tinha sido permissiva nesses processos.

Para um ego identificado com a vítima, ter de olhar que não é vítima, que é responsável por tudo, é muito difícil. Temos de ter autorresponsabilidade com a nossa vida. Entender isso foi muito doloroso.

Nesse momento, a única coisa que eu pensava era em acabar com a minha vida. Eu já estava naquele processo de depressão; para um ego identificado com a vítima, o suicídio é a glória.

Fiquei fissurada nessa ideia, pensando como eu poderia acabar com a minha vida. Várias coisas passaram pela minha cabeça. Era um pensamento muito obsessivo.

Mas a mesma voz que falou comigo na primeira vez em que *mantrei* em um japamala falava comigo nesse momento também. Dizia: "A sua filha não pode passar por isso." Era como se alguém estivesse gritando ali comigo, era muito alto: "A SUA FILHA NÃO PODE PASSAR POR ISSO!"

Então, bateu. Percebi o quanto eu era egoísta, estava pensando só em mim. Foi muito forte, um despertar, porque eu vi o meu egoísmo e o quanto eu estava identificada com a vítima. Eu precisava ser responsável pelas minhas ações.

Foi quando senti um amor invadindo todo o meu corpo. Um amor que nunca senti. Era como se todas as células do meu corpo vibrassem amor, foi muito forte o que aconteceu. Minha ficha caiu naquele instante.

Era um amor divino porque era o amor pela minha filha. O amor dela por mim e o meu amor por ela. Foi quando me prostrei no meu altar e comecei a rezar no meu japamala, agradecendo por ver a minha verdade e me libertar.

O que aconteceu foi um milagre.

O suicídio é um milésimo de segundo para acontecer. Esse ego tão egoísta, a ponto de acabar com a própria vida para continuar no lugar dele, de vítima.

Quando percebi, senti um amor que eu não sentia por mim mesma, porque o ato de dar tudo o que eu tinha para uma pessoa é uma profunda falta de amor próprio. Não é um compartilhar, quando compartilho algo com alguém. Dar tudo o que tenho é falta de amor próprio.

É como se eu não merecesse; para ser amada, para ser aceita, para ser boazinha, entreguei tudo o que tinha. Foi um processo de muita transformação.

Percebi o quanto era poderoso entoar mantras em um japamala. Você está limpando o seu pensamento, está se conectando com a energia do mantra; você está entrando naquele mantra, naquela frequência energética.

Comecei a fazer japamalas para as minhas alunas de yoga, aulas que passei a oferecer quando voltei da Índia. Eu falava: "vocês precisam *mantrar*, porque é muito poderoso!"

Eu fazia os japamalas para as minhas alunas e elas começaram a me incentivar: "Denise, é tão bonito, você devia fazer um Instagram, um Facebook!"

Foi quando criei a minha marca. Cheguei da Índia em 2013, um ano de caos na minha vida… foram anos tensos. Em 2014, comecei a fazer japamalas para minhas alunas; em 2016, criei a minha marca.

Lembrei do meu nome, cujo significado é coragem abençoada. Não gostei quando recebi esse nome; me falaram que a coragem seria um aspecto que precisava florescer no meu coração. Pensei: "Que nome!? Está me chamando de fraca? Sou corajosa!"

A explicação que recebi é que as pessoas precisavam me chamar de Sahasa, pois o nome é um mantra: as pessoas vão entoando esse mantra e a coragem vai florescendo. Adotei o nome Anand na minha marca pelas bênçãos que recebi ao praticar mantras nos meus japamalas e o meu desejo é que todos sejam igualmente abençoados.

Usei o nome Sahasa de 2013 até 2016; todo o universo do yoga me conhecia por Sahasa, porque era o que precisava florescer. Em 2016, entendi que eu deveria honrar o nome que meus pais me deram quando nasci, que escolheram com amor e carinho. Então voltei a usar o nome Denise Datovo; deixei só a marca de japamalas como Anand.

De lá para cá, têm acontecido coisas incríveis, milagres mesmo, na minha vida. E vejo que acontece na vida das pessoas que compraram meus japamalas ou que fizeram meu curso: são coisas incríveis! Penso como é poderoso, então vejo o japamala como uma ferramenta de conexão, assim como temos o Reiki, a Deeksha, a Barra de Access, tantas ferramentas hoje em dia.

O japamala é uma ferramenta. A diferença é que é material. Para mim, faz todo o sentido, pois somos seres espirituais tendo uma experiência material. Conectar-se com o espiritual por meio do material é muito poderoso para nós. Faz até mais de sentido ter algo material para se conectar. Para mim, o japamala é mais uma ferramenta para o despertar da consciência. Sei que é antigo, mas está se expandindo. Não é incomum encontrar pessoas interessadas em japamalas; não é preciso ser hindu ou budista para se beneficiar com essa prática; muitos nem sabem direito o que é, mas acham bonito. Usam apenas como acessório e tudo bem, está tudo certo.

Fico feliz de ver essa expansão, como quando as pessoas fazem o curso de japamalas comigo. Já fiz mais de trinta edições; muitas pessoas criam suas marcas, vendem seus japamalas. Acho ótimo, pois não vejo como uma concorrência. Precisamos expandir essas ferramentas, isso precisa crescer, precisa chegar para todo mundo.

Cada um vai se conectando de alguma forma, porque cada um tem na sua essência, na sua divindade, uma sabedoria só sua, diferente da do outro, e isso é incrível. As energias vão se conectando. Acho muito precioso, amo demais fazer oficinas de japamalas. Sempre saio muito melhor do que cheguei, porque é uma energia, é uma egrégora criada, são histórias, vidas compartilhadas. Depois que as pessoas fazem um japamala, elas ficam felizes por ter conseguido. É linda a força criativa que habita em nós!

Amo isso! Meu trabalho é minha missão de vida. É tão especial estar na minha missão de vida e ainda fazer disso um trabalho. Não creio que o propósito de estar aqui é algo muito "Uau"! Penso que o propósito é escolher o caminho do amor, fazer o que for com muito amor. Você pode cozinhar. Se você ama cozinhar, você está no seu propósito. Se você faz uma palestra para 50 mil pessoas, você está no seu propósito, igual à pessoa que cozinha com amor.

Imaginamos que o nosso propósito é algo muito maior, quando o importante é como fazemos as coisas e não o que estamos fazendo. Qualquer coisa que fazemos com amor e com presença estará dentro do nosso propósito.

É impressionante como as histórias se conectam. Por isso, o compartilhar é algo importante, pois somos um. A dor do outro é a minha dor também. Quando vejo isso, é mais fácil de me curar. Curando-me, curo o outro também. Isso é muito rico e precioso.

Agradeço a Deus, todos os dias, porque no momento em que descobri que eu não me amava, que eu queria me matar, recebi um amor que emanava do *chakra* do meu coração e hoje recebo tanto amor: nas minhas aulas, nos meus cursos, nas minhas palestras. Faço meus japamalas como um ritual, pois é algo sagrado.

Gratidão, Deus, por me mostrar que eu sou instrumento divino!

"Liberdade de ser: um caminho sem volta."

# 6

# O REENCONTRO

*Por Fabiana Milanez*

"*Você faz suas escolhas e
suas escolhas fazem você.*"
WILLIAM SHAKESPEARE

Ser mãe foi o meu primeiro projeto de vida. Uma mistura de alegria e medo se instauraram em meu ser. Eu era apenas uma menina de 15 anos com medo do julgamento e da reação da família e da sociedade.

Apesar do frio na barriga, eu estava feliz em saber que havia um ser dentro de mim. Ao meu lado havia um príncipe encantado, que também queria levar esse sonho adiante.

Felipe nasceu com um pouco mais de dois quilos e saiu para o mundo com exatos um quilo e 800 gramas. Não tive coragem de lhe dar o primeiro banho. Era um bebê pequeno e esfomeado. Lembro-me que ele tinha dedos compridos e finos, que ficavam para fora de seu macacão branco com gravatinha azul, escolhido especialmente para a saída do hospital.

O duelo entre maternidade e imaturidade não foi um momento fácil e tranquilo. Havia muita gente tentando ajudar os "marinheiros de primeira viagem". Todos falando ao mesmo tempo, aquelas mensagens padrão: "O menino está chorando porque está com frio"; "Ele está chorando porque está com fome"; "Coloca mais um cobertor"; "Você não pode comer feijão".

Fomos amadurecendo juntos, em uma vida a três. Criei meu castelo chamado família, sentindo-me segura e acolhida dentro dessa estrutura.

Durante os primeiros anos do meu filho, continuei estudando, sem deixar a família de lado. Pode parecer estranho, mas eu adorava aquela vida: cuidar da casa, da comida, do bebê, eram tarefas que geravam prazer e satisfação. A maternidade precoce não tirou nada de mim, pelo contrário, só ganhei.

O amor entrou cedo na minha vida, enchendo-me de energia para seguir em frente. Nunca olhei nenhum obstáculo como sinal de retrocesso. Sempre tive em mente que tudo era um sinal de melhora do amanhã e que no final tudo sempre dá certo.

Com três aninhos, Felipe teve o seu primeiro dia no jardim de infância. Fomos caminhando para a escola. Eu estava ansiosa, imaginando que ele poderia sofrer, chorar, sentir falta de seus brinquedos, enquanto ele parecia tranquilo.

A regra da escola era que os pais não poderiam entrar junto com as crianças. Quase que percebendo minha ansiedade, ele atravessou o portão e disse, em tom convicto: "Tchau, mamãe, na escolinha só as criancinhas." Ele balançava os braços se despedindo, enquanto, mentalmente, eu felicitava o seu segundo salto para o mundo.

Voltei aliviada para casa. Ele estava se tornando uma criança segura e independente, mas confesso que o coração apertado materno esperava um chorinho de despedida. Já em casa, de vez em quando, ouvia uma vozinha dizendo: "Mamããããe?". Mas logo me dava conta que era uma pequena alucinação causada pela abstinência.

Comecei a trabalhar meio período, com o objetivo de me dedicar a uma carreira profissional e, obviamente, proporcionar uma vida mais confortável para a nossa família.

Sempre atuei no segmento financeiro, passando da área administrativa para desenvolvimento de sistemas e, mais tarde, para a área de negócios, na qual me senti mais realizada por estar gerenciando uma equipe. Nesse período, tive uma ascensão profissional em que fiz carreira e amigos, sendo até hoje grata pelos aprendizados e oportunidades que tive.

No casamento, eu era romântica demais e ele romântico de menos. Eu era emocionalmente dependente da segurança que enxergava nele, enquanto ele dependia do reconhecimento que eu lhe proporcionava. Na área do ciúmes, fazíamos parte do mesmo time, ciumentos em excesso. Com isso tudo, aliado ao amor, posso dizer que fui feliz durante os anos que vivemos juntos.

## Quem sou eu?

Eu nunca estive preparada para a separação. Na minha mente, iríamos criar nosso filho e envelhecer juntos, afinal, casamento era para a vida toda. Essa seria a minha trajetória de contos de fadas. Mas sabemos que as coisas não funcionam assim, nem tudo que desejamos é o que precisamos. De um dia para o outro, me vi completamente sozinha, sem muletas, sem desculpas, sem ninguém. Éramos "eu" e "eu".

Na verdade: quem era eu? Fiquei um ano perdida, sem rumo. Sabia que havia algum propósito naquele vendaval. Era um vento frio e cortante. Doeu muito. Mesmo querendo que passasse logo, e pedindo para acordar somente quando tudo estivesse no lugar novamente, a cicatrização levou um bom tempo. Hoje eu sei que a demora na cura das feridas foi importante e fazia parte de um processo de florescimento.

## Os anjos

Tenho uma grande certeza de que o Universo me enviou mensagens através de anjos. Alguns deles já estavam na minha vida e só intensificaram os seus trabalhos; outros, entraram e permanecem até hoje colaborando com a minha evolução.

Também há os anjos inesperados, seres inusitados que foram superimportantes para a minha transformação. Um deles apareceu em 2016, quando estava terminando a formação em Psicanálise Clínica e programando a transição de carreira. Eu sentia que meu caminho era seguir com atendimento clínico, mas sempre ouvia uma voz interna em oposição: "Será que estou louca? Vou mesmo deixar um emprego estável onde tenho reconhecimento profissional e financeiro?".

Um belo dia, fui com uma amiga fazer turismo em São Paulo. Eu não me lembro onde estávamos exatamente naquele momento. Era uma rua pouco movimentada, com uma igrejinha amarela. Havia uma senhora e parecia que ela queria falar comigo.

Fiquei travada, pensando se deveria ou não puxar papo. Foi estranho, pois eu sentia que tinha que ajudar alguém naquele dia mas não estava acostumada a seguir minha intuição, eu era racional demais. Deixei para lá, talvez fosse bobeira minha acreditar que ela precisava de ajuda.

Seguimos andando, até que apareceu um homem na nossa frente, de forma repentina, que falou: "Oi, preciso falar com você!".

Confesso que fiquei com medo. Não estava acostumada a andar no centro de São Paulo. Rápida e instintivamente examinei o ambiente, criando uma rota de fuga para uma eventual emergência.

Quando voltei a olhá-lo, ele estava completamente tranquilo e seguro, esperando calmamente por uma resposta. Aproximei-me para ouvi-lo. Matheus, era o nome do anjo. Ele disse que estava muito confuso e precisava de ajuda para decidir se deveria ou não reatar com sua parceira.

Conversamos por tempo suficiente para que eu conhecesse todos os envolvidos naquela linda história de vida. Confesso que meu "Eu" terapeuta se empoderou naquele instante de forma leve e natural, sem nenhuma dúvida. Era a mesma sensação que eu tinha nas reuniões de trabalho, em que tinha o prazer de mediar as situações, fazendo com que todos dessem o seu melhor, olhassem a situação por um novo ângulo e se sentissem mais conscientes de suas escolhas.

Naquele momento, me recordei da vontade que anos antes havia despertado em mim de estudar psicanálise, desejo que tinha deixado de lado, pois não queria comprometer ainda mais o meu tempo em família.

Depois da nossa conversa, Matheus me olhou, deu-me um grande abraço, dizendo que daria uma nova chance para o amor. Despedi-me dele sem entender o que estava acontecendo, apenas me sentindo tranquila e feliz. Foi quando ele voltou e gritou: "Eu tenho uma mensagem para você — Juntos somos mais fortes!".

Esse anjo me confirmou que os relacionamentos — sejam eles afetivos, amizades ou familiares — nos dão sentido para viver uma vida com propósito e feliz.

Naquele momento, senti minha vida de volta. Uma alegria imensa abrandou o meu ser, além de um alívio indescritível por validar que eu estava no caminho do coração.

## O anjo da verdade

Ter me tornado psicanalista ajudou imensamente no meu processo de autoconhecimento. Foi por meio da identificação das minhas próprias defesas inconscientes que me tornei consciente do meu potencial como ser humano.

As pessoas dizem que fui muito corajosa ao deixar toda a minha zona de conforto e uma carreira sólida de lado para arriscar em uma nova profissão, recomeçando a minha jornada aos 40 anos. Concordo que nessa receita não faltou coragem, além de dedicação, estudo e muita paixão pelo comportamento humano.

Foi um processo que levou um bom tempo para sair do forno, talvez em virtude da minha resistência em arriscar. Eu tinha medo de decidir, eu tinha medo de errar.

Eu tinha paixão por cuidar de todos e fui e sou feliz em poder me doar. Com o passar dos anos, percebi que existia um incômodo inexplicável dentro de mim; era como se faltasse algo; um vazio não identificado que apenas incomodava sem sinais claros de sua origem.

No relacionamento, toda vez que eu sentia esse vazio, inconscientemente eu mudava a rotina, arranjando logo uma briga, um passeio ou uma viagem. Precisava de algo que desviasse o foco daquela sensação de falta que eu sentia na boca do estômago. No trabalho, tal sensação de vazio também era abafada quando eu me colocava para ouvir ou ajudar alguém em suas necessidades.

Quando faço uma retrospectiva, vejo que sempre soube que o meu propósito não eram os números, mas, sim, as pessoas, ajudando-as a desenvolver um novo olhar sobre suas situações de vida.

De alguma maneira, eu não queria que isso gritasse em mim. Era como se eu ainda não estivesse preparada, precisando de muita coragem para desconstruir minha trajetória e construir uma nova história.

A mãe amorosa, a esposa dedicada e a executiva competente eram partes conhecidas de mim. A Fabiana real; meu verdadeiro "Eu", ainda não havia sido acessado. Eu havia me esquecido de quem eu era. Eu não enxergava minha verdadeira essência.

Acho que a dificuldade de arriscar era um misto de orgulho e covardia. Uma vez não decidindo, acreditava me isentar da responsabilidade. Não enxergava que ficar em cima do muro também era uma decisão e que tinha suas consequências, como toda escolha. Eu me acostumei com esse vazio, já que o conformismo de deixar tudo como está era conhecido e não era mortal.

Era fácil e natural para mim reconhecer no outro o seu potencial. Eu admirava o outro pela sua determinação, inteligência, ousadia. Mas não as enxergava em mim, pelo contrário, sempre me via insegura, dependente, pequena, um ser sem brilho no meio de uma multidão de lâmpadas radiantes. Eu ainda precisava brilhar através da luz dos outros.

Quando eu era pequena, tinha muita ousadia e coragem. Sempre havia sido pioneira e líder. Onde estava aquela menina que ficava olhando as estrelas pela janela do quarto dos pais em reforma, pensando na grandeza do Universo? Eu sentia que era muito pequena diante daquela imensidão; ficava sem palavras ao sentir que minha pequenez era também a perfeição da vida.

Afinal de contas: "Onde foi que saí de cena e deixei de ser a atriz principal da minha vida?". Sempre pensei que havia alguém para tomar melhores decisões do que eu; passei a viver papéis, ficando como uma mera coadjuvante, assistindo e aplaudindo tudo.

A psicanalise foi para mim um "Anjo da Verdade". Foi ela quem acendeu a luz da caverna e escancarou as minhas chagas. Foi muito doloroso enxergar a real face do ciúme, do controle, do egoísmo, que eram facilmente disfarçados de cuidado.

Sabe aquela frase: "Quem ama cuida"? Na verdade era: "Quem ama, controla!". Foi um processo muito doloroso o de aceitar a minha sombra e desconstruir toda aquela estrutura do meu ego, de quem eu achava que era, ou de quem eu deveria ser.

Decidi deixar a instituição segura e seguir em busca do desconhecido. Essa decisão foi uma das mais difíceis da minha vida. O processo da escolha foi estressante; cheio de medos e ansiedade. Quando tomei a decisão, senti-me aliviada e certa de que aquele era o recomeço de um caminho possível e genuíno.

Depois de seguir com essa decisão, as outras ficaram mais leves. Decidi também viajar por alguns países, estudar, conhecer novas culturas e continuar me conhecendo.

Atualmente moro em Lisboa, sem garantias e certezas sobre o futuro. Vou me encaixando de acordo com o sentir da minha essência. Meu filho mora em Vancouver e, mesmo distantes, estamos sempre conectados. Ele é uma das minhas grandes riquezas, além de ser meu companheiro de viagem e contemplação de pôr do sol.

A vida, em sua perfeita imperfeição, ensinou-me que o maior amor do mundo é o autoamor, e que eu só poderia ajudar as pessoas a olharem para o belo se eu conseguisse enxergá-lo em mim.

Montar esse quebra-cabeças e integrar todas as partes de mim tem sido uma longa e linda história que não acaba aqui, e me despeço deixando como últimas linhas os versos de liberdade que brotaram de mim em um momento de reencontro:

Vai ser feliz, voa alto...
Agora você sabe o que quer.
Agora você sabe dizer sim e sabe dizer não.
Não precisa mais calar o choro de menina, presa em sua
                              [própria armadilha.
Voa, porque se tornou mulher.
Sabe que pode ir e pode voltar
E seu lugar estará sempre à sua espera.
Honra sua origem,
Aceita aquilo que é seu
E o que não é, deixa pelo caminho.
Voa, porque hoje você reconhece vários caminhos e percepções.

E mesmo que todas estejam equivocadas, está tudo certo,
Porque o controle deu lugar ao amor que preenche sua essência.
Voa, porque hoje você segue leve.
Voa e continua amando.
Voa e continua se amando,

Exatamente como você é!

"No processo de autoconhecimento, conseguimos ver nossas vidas através de outro olhar, entendendo os problemas como um todo e, assim, podemos buscar um trabalho ou uma relação com mais significado e que se alinhe ao nosso verdadeiro propósito. Somente quando entendemos nossas dores sabemos por onde começar a buscar mais equilíbrio."

> # 7
>
> # PILOTANDO O MEU AVIÃO
>
> *Por Fabiana Ribeiro*
>
> *"Você só consegue levar o "outro" para um lugar que você já foi."*
> ALEXANDER LOWEN

Sempre tive uma conexão com pessoas. Minha história revela o caminho que percorri para descobrir e fazer valer o meu propósito. Momentos da minha vida que me trouxeram grandes descobertas, sobre mim e sobre os outros. Essa é a história que me fez despertar para a necessidade do autoconhecimento. E é nela que vamos embarcar nas próximas páginas.

No colégio, fiz Processamento de Dados, um curso técnico voltado para o desenvolvimento de programas de computador. Apesar de ter sido a fase mais divertida da minha vida, foi um curso que só me deu a certeza de que não era a área que eu queria seguir. Por esse motivo, saí do colégio e fui buscar na faculdade um curso em que eu pudesse estar mais perto das pessoas do que das máquinas.

Cursei Psicologia sem saber ao certo em qual área atuar. A minha única certeza era lidar com pessoas. Mal sabia eu que a minha principal dificuldade seria a de lidar comigo mesma, mas deixemos isto para o restante da obra.

Formei-me em 2003 em Psicologia, época em que era estagiária de uma consultoria de *"outplacement"*. Trabalhava com recolocação de executivos e foi aí que descobri o *"Assessment"*, ferramenta de mapeamento de perfil pessoal e/ou profissional, que revela comportamentos. Segundo Alexander Lowen, desenvolvedor da psicoterapia mente-corporal, conhecida como análise bioenergética: "nós só conseguimos levar o outro, para um lugar que já fomos". Desta forma, entendo que toda ferramenta de autoconhecimento que usarmos para mapear o "outro" tem de ser aplicada em nós mesmos. Foi o que eu fiz com essa e todas as outras ferramentas de *"assessment"* que conheci. E esse foi o início das grandes descobertas.

Comecei a entrar em contato com isso muito jovem. Eu tinha apenas 25 anos e passava por uma fase em que precisava me reafirmar como pessoa e como profissional. Passei de estagiária para consultora responsável pelo atendimento dos executivos. Fui admirando o processo e tendo clareza da área que eu iria seguir. Me formei na faculdade e decidi começar minha trajetória. Era mágico poder enxergar o outro; enxergar o ser humano de uma forma integral e clara. Essa consultoria me proporcionou um olhar pra mim; para o Autoconhecimento.

Sempre fui uma menina muito descolada, solta e interativa. Desde a minha infância me envolvia em atividades relacionadas a diversão, prazer e interação com pessoas. Durante a adolescência e a juventude, fiz teatro, música e trabalhos sociais em orfanatos, asilos e escolas públicas. Cheguei até a montar um grupo voluntário de palhaços com a minha irmã e alguns amigos. O objetivo sempre foi levar alegria às pessoas e poder contribuir para o bem-estar e o desenvolvimento delas.

Nada estava acontecendo por acaso. Minha vida profissional estava se encaminhando para um rumo totalmente conectado à minha vida pessoal. De fato, eu estava entrando em uma área que me dava prazer.

Por volta dos quatro anos de atuação, deixei a consultoria para um novo desafio em uma multinacional do ramo automobilístico. Mais uma vez, o desafio envolvia "cuidar" do emocional e do desenvolvimento das pessoas. A empresa estava encerrando as atividades da unidade de São Paulo e transferindo sua operação para Campinas. Meu papel foi desenvolver e preparar esses profissionais que não seriam transferidos, a fim de recolocá-los no mercado de trabalho.

Foi um trabalho fantástico. Ao final de um ano, alcançamos 89% dos profissionais recolocados no mercado. No entanto, ao final do ciclo, eu também fui desligada. Mesmo sabendo disso desde o início do projeto, nada mudou a minha postura e meu comprometimento com aqueles profissionais a quem eu estava de fato dando suporte.

Apesar de estar 100% comprometida e nada arrependida, sou um ser humano, e só por isso é inevitável o abalo emocional. Afinal de contas, eu vinha, desde o início da carreira, lidando com pessoas fortemente abaladas emocionalmente.

Foi então que conheci um treinamento de alto impacto chamado "Inteligência Emocional". Ao aceitar participar, tive a pretensão de apenas me fortalecer emocionalmente por conta do meu trabalho. No entanto, acabei passando por um dos finais de semana mais transformadores da minha vida. Nele tive a oportunidade de ser provocada a chegar ao limite das minhas quatro emoções primárias: alegria, tristeza, medo e raiva. Isso me fez descobrir mais uma parte de mim. Foi mais um marco na minha vida; um momento de grandes descobertas.

Eu achava que seria mais um treinamento profissional. Mal sabia que minha vida estava prestes a passar por um momento de grande mudança. Saí do curso totalmente impactada! A mensagem principal do treinamento foi: "Quanto você permite que as pessoas pilotem o seu avião?".

Isso me provocou fortemente. De certa forma, foi uma mensagem que esfregou na minha cara o quanto eu, já formada em uma área que me preparou para lidar com pessoas, não me conhecia o suficiente. Dois meses depois, eu estava trabalhando na equipe deste treinamento. Meu inconformismo me levou e estar mais perto daquilo que tanto tinha me provocado. Eu queria saber mais de mim: eu queria me conhecer mais!

Enquanto isso, minha vida profissional caminhava. Fui recolocada em outra multinacional, dessa vez do ramo alimentício. Minha contratação era novamente por período determinado. Meu papel era o de conduzir um Programa de *Trainee*. Após seis meses meu contrato venceria e eu seria desligada. Comecei a buscar uma recolocação, mas a empresa também abriu uma vaga. Seria a oportunidade de efetivação para apenas uma das consultoras temporárias.

No dia 9 de maio de 2005, meu aniversário, eu tinha uma apresentação em uma consultoria relativamente pequena, mas que trabalhava com treinamentos de comunicação na educação de profissionais de grandes empresas em diferentes segmentos. Isso me atraiu. Fiquei de receber a resposta da consultoria no final do dia. No entanto, nesse mesmo dia, ao voltar para a empresa em que eu trabalhava, fui surpreendida com a notícia que eu tinha sido a escolhida para a vaga interna. Meus valores não me permitiam mentir. Não tive escolha, tive que contar a verdade à minha líder. Eu estava apaixonada pela consultoria que tinha visitado pela manhã. E, no final do dia, ao receber a ligação deles, aceitei!

Optei pela consultoria por poder trabalhar com o desenvolvimento das pessoas, mas nem imaginava que estaria entrando em uma nova mudança em minha vida. Passei dois anos sendo desenvolvida e preparada para educar adultos. Depois desse período, fui convidada para ser uma das sócias: vocês lembram que nos trabalhos anteriores eu tinha dito que precisava me reafirmar? Pois então, estava acontecendo! Esse convite foi o início de mais um momento de grande transformação. Naquele lugar, eu me transformei em uma profissional com muitas habilidades. Essa consultoria foi uma escola para mim. Foi onde aprendi a lógica do aprendizado de adulto, por meio da leitura do seu perfil e entendimento de suas necessidades.

Mas voltemos ao momento do convite, pois aqui tem um paralelo muito importante com a minha história.

O convite veio no final de 2006. Cheguei em casa e fizemos uma reunião em família, em que contei aos meus pais e à minha irmã. Na minha casa, tínhamos esse hábito. Éramos nós quatro sempre juntos. Todas as vezes que surgia um grande desafio, nos uníamos em casa para pensar juntos antes de tomar qualquer decisão.

Minha família sempre foi muito unida. Mas como em toda família, havia uma divisão natural de afinidades. Eu era mais apegada ao meu pai e minha irmã à minha mãe. Meu pai era meu melhor amigo, presente tanto nas minhas loucuras quanto nas minhas conquistas; dava-me força para encarar o que fosse preciso. Éramos bem parecidos. Gostávamos da bagunça, das brincadeiras e de tudo que trouxesse diversão.

Estávamos vivendo um momento bem delicado na minha casa. Cinco anos antes, meu pai havia passado por um tratamento de Hepatite C. A princípio, a doença havia cessado; mas deixou sequelas profundas.

A hepatite C é uma doença adquirida por sangue e trabalha na destruição do fígado. O tratamento é bem incisivo e traz muitas reações, assim como uma quimioterapia. Quando ele é efetivo, garante a cura da doença, mas não isenta as sequelas. Foi o que aconteceu com o meu pai.

Ele se curou da hepatite, mas seu fígado já estava comprometido e, nessa época, começou a manifestar sintomas de cirrose hepática. Sua barriga começou a crescer; o fígado já não estava mais trabalhando e seu corpo retinha todo o líquido que consumia. Foi então que ele teve de voltar para o tratamento, mas dessa vez do fígado. A única alternativa de cura seria um transplante, mas as leis do nosso país não são nada favoráveis a esse cenário.

Os momentos finais de 2006 foram dignos de muito desespero e dúvidas. Em dezembro, ele fez sua última punção — tratamento que se faz para tirar o líquido retido na barriga. Pelo seu estado de saúde, resolvemos passar o Natal em casa, ao invés de viajar para São José do Rio Preto, como sempre fazíamos. Já era uma tradição da nossa família.

Em fevereiro, fomos para o casamento de minha prima. Ele não estava bem, mas, mesmo assim, aproveitou muito a festa. Nós o deixamos comer à vontade e fazer tudo o que queria. Acho que, no fundo, já sabíamos o que estava por vir.

Na semana seguinte, ele pediu para ser internado. Disse para minha mãe que não aguentava mais. Ficou internado por uma semana, em um quadro degenerativo. De uma forma repentina e extremamente dolorosa, ele nos deixou.

O início de 2007 foi marcado por uma dor inexplicável. Meu pai havia partido! Dessa vez a mudança foi avassaladora. Vivemos dias de extrema dor e dúvidas. Agora éramos três. Ficamos perdidas; sem rumo; sem chão. Eu acompanhei de perto seus últimos momentos. E, para fechar esse ciclo, fui eu quem cuidou de todo o processo burocrático pós-falecimento. Um processo difícil, de muita responsabilidade e que exigiu de mim ser uma verdadeira guerreira!

Essa mudança me trouxe o mais intenso processo de descoberta e reposicionamento de vida. Nossa vida, literalmente, mudou. Nossos dias não eram mais os mesmos. Nossa relação estava tomando um novo formato. Estávamos nos redescobrindo...

Quando as pessoas me perguntavam como eu me sentia, sempre dizia que estava faltando um pedaço do meu corpo; uma parte de mim. Eu estava me sentindo limitada, como se estivesse sem um braço ou uma perna.

O tempo foi passando e as pessoas me cobravam a alegria que ele sempre trouxera. Elas viam em mim uma alternativa para substituí-lo. Me comparavam muito com meu pai. Era como se eu o representasse para toda a família e amigos. Sempre fui muito parecida com ele, mas, pela primeira vez, isto começou a me incomodar. Eu não suportava mais ouvir tais comparações. Isso foi me trazendo dias de muitas dúvidas e reflexões. Nem eu sabia mais quem eu era.

## Quem sou eu?

Passei seis meses sendo firme e durona. Mas o mês de agosto era um mês forte. Além do dia dos pais, era o mês do aniversário do meu pai. Fique muito mal emocionalmente. Passei por um psiquiatra e fui diagnosticada com depressão e síndrome do pânico. Tirei uma licença e me afastei um pouco das pessoas. Mas não muito depois da minha recuperação, iniciamos em casa um novo processo de maturidade, em um ciclo que, a princípio, parecia se repetir.

Desta vez foi com a minha mãe. A doença que matou meu pai agora estava nela. O tratamento deveria começar logo para que ela não corresse o mesmo risco. Mas o medo era inevitável.

No primeiro dia de tratamento, minha irmã embarcou para a Austrália. Uma viagem de ela já havia programado antes do falecimento do meu pai e teve de postergar. Sem imaginar que iniciaríamos esse novo processo, a nova data agendada coincidiu de ser exatamente no mesmo dia.

Começamos então uma nova jornada. Dessa vez éramos duas! Minha mãe tomava as injeções do tratamento e tinha reações horríveis. Passava muito mal e passava muito tempo na cama. Como as descobertas eram contínuas, foi um período em que elas novamente voltaram. Dessa vez descobri uma nova relação com a minha mãe. Um período em que ficávamos muito juntas e começamos a nos redescobrir como mãe e filha.

A proximidade que eu tinha com meu pai me impedia de ver a falta de proximidade que, durante anos, eu tive com a minha mãe. Mas agora éramos só nós duas. A relação mais íntima e profunda de uma filha com uma mãe. Minha irmã ficou dois meses fora do país e, graças a Deus, minha mãe encerrou seu tratamento em três meses. Parece até que foi programado por Deus para nos unirmos. A doença cessou. Toda a tempestade acabou. Parecia um sonho; uma libertação. Nos unimos novamente em paz e fortes para seguir em frente. Mudamos de casa, de condição social e de vida.

Na virada desse processo, comecei o meu resgate de vida. Quem sou eu? Era a pergunta que me perseguia diariamente. Perdi meu pai, ganhei minha mãe e redescobri a relação com a minha irmã. Tudo tão diferente em tão pouco tempo.

Foi então que iniciei uma pós-graduação na área da Bioenergética. Foram três anos de reflexões dolorosas! No entanto, foi mais um processo intenso de descobertas.

O tempo foi passando e, em 2011, passei por mudanças em todas as áreas da minha vida: final de um relacionamento amoroso, saída da sociedade da consultoria, mudança de casa, enfim, era como se eu estivesse fechando todos os ciclos da "velha" Fabiana. Fiquei em casa sem trabalhar, passei pela recuperação de uma cirurgia e, depois desse processo de renovação, optei por iniciar minha nova vida profissional "solo".

Iniciei minha jornada como Consultora independente. Meu objetivo era retomar meu propósito. Viver um processo de redescoberta despertou em mim o desejo de desenvolver o autoconhecimento nas pessoas. Apesar de saber que a busca pelo meu redescobrimento e pelo entendimento da partida do meu pai seguiria. Seria um desafio, mas era consciente. No entanto, o encontro do verdadeiro "eu" era um anseio, um desejo, uma busca que eu queria continuar.

Passei por momentos de extrema evolução. Deixei de ser uma pessoa boazinha; passei a me posicionar nas minhas escolhas; passei a viver mais pra mim e topar mais desafios. Isso incomodou algumas pessoas, mas não me tirou o foco e a certeza de estar no melhor caminho.

Um dos desafios foi o de montar uma consultoria com um amigo muito parecido com meu pai. Por vários momentos lidei com situações nas quais me vi novamente emocionalmente dependente de alguém de quem eu procurava um aval, um apoio, uma aprovação. Vivemos uma história de parceria por quatro anos. Foram momentos de luta e de glória. No entanto, também momentos de muita diversão, cumplicidade e respeito. A ruptura da nossa sociedade me fez viver um novo luto. Apesar de não ter sido fácil de enfrentar, me trouxe crescimento e maturidade.

Comecei a caminhar sozinha e evoluir em meus projetos. Não vou mentir: quebrei a cara várias vezes, faltava dinheiro, faltavam clientes, faltava trabalho, mas a minha persistência e meu foco no formato de vida e trabalho que me satisfaziam me ajudava a recuperar tudo e, a cada queda, me tornava ainda mais forte.

A necessidade de mais descobertas me fez preencher vários *assessments*, fazer alguns cursos, ler alguns livros e trocar muitas e muitas figurinhas com amigas, parceiras e consultoras assim como eu, mas que, por ter um perfil diferente do meu, me fizeram provocações fundamentais para a minha evolução. Pessoas especiais a quem sou muito grata e tenho muito apreço. Agradeço a Deus pelas pessoas que colocou na minha vida. Isso me mostrou o carinho e cuidado que Deus tem comigo.

Meu coração passou a ter a necessidade de enxergar o ser humano de maneira integral, fazer uma leitura mais analítica e profunda, não só como psicóloga, mas também a partir das ferramentas que hoje utilizo, com a experiência e a maturidade que adquiri em toda a minha trajetória de vida e do meu conhecimento.

Trabalho para possibilitar que, assim como eu, as pessoas possam evoluir por meio do autoconhecimento e amadurecer de forma que entendam as lutas pelas quais passaram.

Sou consultora de desenvolvimento de pessoas. Atuo desenvolvendo conteúdos e reflexões que possam transformar a forma de pensar das pessoas. Usufruo de metodologias e ferramentas que me permitem demonstrar de forma clara e consciente a importância do autoconhecimento e de ter uma vida mais consciente das suas escolhas.

Tenho um projeto de criar meu próprio *"Assessment"*. Uma ferramenta que possa representar exatamente a forma como leio e percebo o ser humano e, quem sabe, possibilitar uma leitura de 360 graus. Meu objetivo é perpetuar o meu propósito e poder provocar as pessoas a fim de que se redescubram por si sós, sem que eu esteja presente. Estou me preparando com novos conhecimentos e metodologias para poder embasar e melhorar essa ferramenta. Mas, sobre este desafio, vou falar em outro livro, com mais calma e precisão.

Finalmente, hoje posso dizer que faço o que gosto, sou realizada profissionalmente, tenho uma família incrível, vizinhos adoráveis, amigos mais do que parceiros, alunos admiráveis e uma gratidão enorme a Deus, por ter permitido que eu passasse por todos esses momentos que me fizeram evoluir.

Eu sei que pode até parecer estranho, mas pensar assim me faz tão bem: hoje eu entendo exatamente por que Deus levou meu pai. A dor talvez tenha amenizado, porém sei que a saudade talvez nunca vá embora. Apesar disso, a clareza e o entendimento da sua partida me fazem ser grata por ter sido umas das escolhidas; por ter vivido com ele aqui na terra. Faz-me ter a certeza que a vida flui e para isso acontecer precisamos desse movimento de idas e vindas. Esse é o processo de mudança necessário para o nosso crescimento. Poder entender isso com essa maturidade é uma dádiva! Um presente! Uma eterna gratidão!

Ao meu pai, sou eternamente grata! Grata por ter entregue sua própria vida em razão da nossa evolução. Grata por ter escolhido minha mãe para nos dar a vida. Grata por, em lágrimas, poder hoje contar essa história que me orgulha, me emociona, reforça meu caráter e me faz olhar para trás e confirmar a educação e a aliança de amor que hoje me define e caracteriza minha linda família. Grata a Deus por ter permitido que eu fosse sua filha. Meu Deus, como sou grata!

Para finalizar, voltarei à frase: "Quanto você permite que as pessoas pilotem o seu avião?". A morte do meu pai me fez enxergar a importância de pilotarmos nosso próprio avião. Evoluindo percebi que eu tinha de conduzir a minha vida. Eu precisei de um luto para me descobrir, mas você pode conseguir isso de uma maneira mais branda, serena e com muita consciência: permita-se!

"A cada amanhecer e a cada pôr do sol, olhe para sua história e continue construindo, no seu presente, um futuro respeitando a sua história."

# 8

# EU ME REALIZEI SENDO MULHER

Por Fátima Caldas

*"Feliz aquele que transfere o que sabe e aprende o que ensina."*
Cora Coralina

## A queda do conto de fadas

Nasci em uma família tradicionalmente portuguesa, na qual as mulheres foram, e são, o alicerce da casa. Minha avó América, apesar de nos ter deixado muito cedo, sempre foi o meu exemplo de fortaleza e superação. Depois dela, minha querida mãe, que hoje mora comigo e ficou viúva muito cedo — perdi meu pai quando eu tinha apenas 7 anos e meu irmão, 5.

Perdemos uma parte fundamental do nosso clã. Mesmo assim, minha mãe continuou sendo o meu exemplo de mulher batalhadora: com dois filhos pequenos, conseguiu com muito trabalho e luta pagar os nossos estudos e nos manter. Cresci e amadureci muito cedo, por ter minha mãe trabalhando fora dando continuidade ao que meu pai tinha começado a construir.

Cresci em uma vila próxima ao bairro da Lapa, local onde brincávamos na rua, jogávamos amarelinha, construíamos carrinhos de rolimã, além de outras atividades lúdicas de criança. Segui meus estudos em colégios públicos e particulares no Ensino Fundamental e Médio.

Formei-me em Psicologia em 1983 em faculdade particular. Durante a faculdade, logo fui trabalhar estagiando pela universidade em escolas do governo. Posteriormente, trabalhei durante cinco anos em empresas na área de RH e Benefícios, mas meu sonho e desejo sempre havia sido o de ter uma escola infantil. Queria ver de perto o desenvolvimento dos bebês e seu crescimento, o que se tornou realidade em 1990, após ter sido demitida da empresa na qual trabalhava, durante a crise do Plano Collor. Decidi que era então o momento de ir atrás do meu sonho. Encontrei uma casa na região de Santo Amaro e, com a colaboração de minha mãe e de meu padrasto, reformei o prédio de acordo com as normas da prefeitura. As portas da escola abriram-se com treze alunos, o que para mim era o início da realização do meu sonho.

Sonhei, desejei e realizei. A escola foi crescendo, fechei o primeiro ano com sessenta alunos, e a cada ano de labuta, o número de estudantes foi crescendo mais e mais. Precisei, por essa razão, ampliar o espaço, alugando a casa ao lado, e reformando-a da mesma forma que havia feito com a primeira, o que para mim foi mais uma conquista realizada.

No começo, eu fazia um pouco de tudo: limpava, dava aulas de alfabetização para a turma da pré-escola (crianças de até 6 anos) que saíam da minha escola preparadas para o primeiro ano do Ensino Fundamental, coordenava os professores, e era responsável por todo o processo de atendimento de orientação aos pais e alunos e administração da escola.

Realizada profissionalmente e trabalhando de doze a quatorze horas por dia, a escola se tornou reconhecida no bairro por sua inovação.

Oferecíamos aulas de judô, balé e capoeira, dentro da própria escola, com profissionais qualificados, e posteriormente fizemos parcerias com escolas de inglês e de informática. Tudo para melhorar, ainda mais, o desenvolvimento dos meus alunos, que tinham de quatro meses a 6 anos de vida. A equipe também foi aumentando, comecei coordenando cinco professores e vi esse número quadruplicar, ao deparar com uma equipe de vinte profissionais, além dos professores extracurriculares.

Nessa fase, viajei muito sozinha, com família e amigos; divertia-me muito em festas, bailes e discotecas. Foram os anos 1980 e 1990, anos das melhores casas noturnas e músicas. Sempre adorei dançar, principalmente acompanhada de amigos.

Em 1993 conheci o homem que veio a se tornar meu marido, ao nos casarmos um ano depois. Apaixonei-me, acreditava piamente no "clichê" matrimonial "até que a morte nos separe". Tivemos nossa lua de mel na Europa, outro sonho realizado. E, enquanto fiquei fora, minha mãe e meus funcionários cuidaram da escola, que continuava indo muito bem.

Quando completei quatro meses de casada, meu marido ficou desempregado e começou a trabalhar comigo. Comecei a arcar com todas as despesas da casa, pois, sempre acreditei que casamento é "na alegria e na tristeza; na saúde e na doença". Completando um ano de matrimônio, engravidei. E assim realizei outro desejo: a maternidade. Em abril de 1996, nasceu a minha filha, tão desejada, Victória, em meio a muita felicidade e a família crescendo.

Meu segundo filho, também muito desejado, nasceu em fevereiro de 1998. Pronto! Um casal de filhos não era nada menos que perfeito. Continuei trabalhando muito para manter a casa, pois tudo continuava por minha conta. Até que meu marido arrumou um emprego, ganhando menos do que eu, mas que conseguia pagar o nosso apartamento. Depois, foi trabalhar com um primo e mais tarde, com a morte do cunhado, foi trabalhar no posto de gasolina da irmã, administrando-o.

Nesse momento, iniciava-se uma mudança em nossas vidas. Minha vida de casada com marido e filhos começou a ser dividida com sogra e cunhada, batendo ponto todos os finais de semana na minha casa. Eu, que trabalhava de segunda a sexta em um ritmo alucinante, só queria um fim de semana tranquilo, somente com os quatro. Entretanto meu lado racional pensava: "Tudo bem, estão sozinhas, perderam recentemente os seus maridos" — meu sogro havia falecido um ano depois do meu casamento, e o cunhado do meu marido, cinco meses depois do nascimento de Victoria, o que foi uma fase muito difícil para a família de meu marido.

E, assim, minha vida seguia. Algum tempo depois, comecei a perceber que meu marido havia se acomodado na condição de me ver como mantenedora do nosso lar e proporcionando tudo aos meus filhos. Eles estudavam na minha escola, tinham várias atividades, não dando ao pai nenhum gasto ou preocupação. As crianças iam cedo e só regressavam à noite comigo.

Meu casamento começava, então, a entrar em crise. Sentia-me muito só, saía com as crianças, sem a presença do pai, para festas, passeios, viagens de fim de semana e quando saíamos todos juntos era na base da briga e em meio a muitas discussões. Nessa mesma época, na escola, aconteceram os primeiros problemas, com os quais tive de lidar sozinha. Acreditei estar vivendo a crise dos sete anos e por isso resolvemos viajar para Santa Catarina com as crianças. Passamos quinze dias de férias, na casa de amigos, passeando bastante e nos divertindo.

Retornando para casa, voltamos à rotina de trabalho normal. Até que, encontrando com muitas grávidas pelo caminho, e com atraso menstrual, percebi e senti que algo podia estar acontecendo. Na volta para casa, achando tudo muita coincidência — ou providência — comprei um teste de gravidez, e mais uma vez, deu positivo. Estava com 42 anos, esperando o meu terceiro filho, Luiz Henrique.

## Um parto e um aborto

Gravidez tranquila como as outras, passei bem, mas claro, estava mais cansada pela idade e por ter outros dois filhos para cuidar. Mesmo assim, apesar de não ter pensado em um terceiro filho, fiquei muito feliz com a gravidez e as crianças que já estavam ao meu lado. Apesar da gestação tranquila, Luiz Henrique nasceu prematuro, ficando na UTI por dez dias, tempo em que fiquei indo e vindo, pois tinha de tirar o leite que ele recebia pela sonda. Foram dez dias sem ter o meu filho em meus braços e sem amamentá-lo.

Nesse período em que fiquei no hospital, me senti muito frágil e desamparada, chorei muito, mesmo sabendo que meu filho estava se recuperando bem; foi uma fase difícil com muitas emoções e sofrimentos, até ele finalmente ter alta e ir para o seu verdadeiro lar.

A partir dos dois meses de idade, no entanto, Luiz Henrique passou a ser internado frequentemente na UTI, devido a problemas respiratórios. Foi nesse momento, então, que comecei a me questionar sobre meu trabalho, meu casamento e meus filhos: "Quanto tempo eu realmente tinha com as crianças e, principalmente, comigo mesma?". Olhei no espelho sem encontrar a mulher que eu era. Notei o quanto me descuidei para viver a vida de marido, escola, casa e filhos, vida de me preocupar com eles para que nada faltasse em casa, mas tudo questão material; percebi então que, na verdade, faltava acompanhar de fato o crescimento dos meus filhos, e que apesar de todo o meu esforço para me manter casada, ao ter tentado melhorar um relacionamento no qual só brigávamos e nos distanciávamos, já não estava funcionando. Então, antes que o respeito acabasse de vez, e de ver os meus filhos tristes, tomei a decisão de me separar. Tudo isso aconteceu em 2004. Não tinha razão para manter um relacionamento que não tinha dado certo. Sou grata pelos filhos que tive com ele, mas uma relação marido e esposa, homem e mulher, não existia mais.

O processo foi difícil, levou um bom tempo para que ele aceitasse o fim do casamento e entendesse que eu não estava mais feliz. Meu filho mais novo tinha apenas dez meses, fui muito criticada e chamada de louca por uns e de corajosa por outros: "Como ficar sozinha com um bebê, um filho de 5 anos e outra de 7?", mas não me importei, sabia que seria uma luta e que enfrentaria todos os obstáculos, sempre seguindo em frente. Confesso que houve momentos em que pensei em voltar atrás pelas crianças, achando que sentiriam muito a separação, porém ao me recordar do que estava vivendo e como estava vivendo com alguns momentos tristes, mantive minha decisão.

Em 2004, um novo ciclo se iniciou, após dez anos de casamento separei-me, fechei a escola, doei muitas coisas para um orfanato e vendi outras. Remanejei os alunos, encerrando dezesseis anos de muita conquista e realização. Um novo desafio estava por vir...

## O novo ciclo

Divorciei-me em 2005 e resolvi ser mãe em tempo integral, cuidei durante cinco anos das crianças com a ajuda preciosa de minha mãe, que veio morar comigo após a separação. Nesse período, enfrentei brigas na justiça por pensão, visitas e outros fatores, muitas amigas — ou pessoas que se diziam amigas — se afastaram de mim, não tinha mais tantos convites para festas e eventos. Em pleno Século XXI, fui discriminada e excluída dos encontros sociais que antes eram semanais por ter me divorciado.

Para absorver tudo o que aconteceu, meus filhos faziam diversas atividades na nova escola; tudo era muito novo, escola maior, novos amigos, sem o pai em casa, sem a mãe na escola, e com um irmão pequeno para cuidar, mas com todas as dificuldades nunca faltou o principal: muito amor para seguir adiante juntos, e com uma avó presente com seu amor incondicional de deixar de lado sua casa e sua vida para cuidar dos netos. Precisei muito dela, pois em várias madrugadas, correndo com o meu bebê para o hospital, precisava que alguém ficasse com os outros dois.

Com o passar do tempo, o caçula foi criando resistência, com os cuidados com a homeopatia — da qual sou adepta e criei os três assim — e acompanhamento médico. Luiz Henrique deixou de ter suas crises, passando a ter uma vida saudável e mais tranquila, o que me fez pensar em voltar ao mercado de trabalho, mas como fazer isso? Pesavam a idade e cinco anos sem nenhuma atividade profissional.

Meu retorno, entretanto, foi adiado por um câncer na tiroide. Segundo o médico, de todos, o mais tranquilo... Realmente, perto dos outros, é tranquilo, mas não deixa de ser câncer. Após a cirurgia, em agosto de 2009, passei quase um ano para me acertar com dosagem hormonal, período de conquistas diárias e determinação, dormindo de dia e passando noites em claro, sentindo fraqueza e depressão, mas sempre com acompanhamento e apoio de minha mãe, meus filhos e meu padrasto.

Sei que tive um câncer leve — vamos dizer assim — mas, acreditem, ele abala pela incerteza de que tudo realmente iria passar. Depois de tudo estabilizado em relação aos hormônios, no ano de 2010, por indicação de uma pessoa querida, fui trabalhar na CDHU (Companhia de Desenvolvimento Habitacional e Urbano) com remoção de famílias em comunidades próximas à Marginal Tietê. Experiência única, na qual aprendi o valor da solidariedade, da amizade e da felicidade, ao ver crianças sorrindo com sua bola de jornal ou meias velhas jogando o seu futebol de pés descalços e sorriso no rosto, e o carinho com o qual éramos recebidos, mesmo tendo de tirar as famílias de suas casas construídas irregularmente em terrenos do estado. Posso dizer que foram dois anos de muito aprendizado, crescimento e muita troca de afetos.

Apesar de dizerem que eu não teria mais câncer na mesma região, em 2013 passei por outra cirurgia que veio em conjunto com a iodoterapia. O procedimento foi mais tranquilo que a primeira vez e tudo deu certo, mas junto com o câncer e o tratamento, voltaram a incerteza e a angústia. Resolvi após essa fase abrir um salão de beleza no centro de São Paulo. Após total recuperação, trabalhei administrando o salão durante um ano e, depois, entreguei a minha parte da sociedade, partindo para trabalhar com transporte escolar, durante dois anos, para ajudar nas despesas. Mantenho minha casa com a ajuda financeira de minha mãe, e sem ela a nossa vida com certeza seria bem diferente. Com a separação, as coisas mudaram bastante, manter as crianças em escola particular, o convênio médico particular, alimentação e demais despesas exigiram e exigem determinação e luta diária.

Em 2017, senti que precisava de algo e comecei a me questionar o que seria; resolvi deixar o transporte escolar e voltar a estudar. Com os filhos crescidos — Victória futura Psicóloga, Victor estudando Relações Públicas, e Luiz Henrique começando o colegial —, percebi que era o meu momento, meu momento de fazer algo por mim. Então, conheci o coaching e resolvi fazer o curso, inicialmente para o meu autoconhecimento e desenvolvimento pessoal. Entretanto, durante o curso fui me redescobrindo como mulher, uma mulher que por muitos anos se escondeu nos cuidados com a casa, filhos, preocupações financeiras e por aí vai.

Sempre me coloquei à disposição para ajudar as pessoas sem exigir nada em troca, mas essas mesmas pessoas me magoaram com suas atitudes e percebi que era o momento de olhar para quem eu sou e aceitar a minha história, pois é graças a ela que sou quem sou e que me fortaleci, e assim fui redescobrindo a Fátima por trás das máscaras. Nesse turbilhão de emoções, com encontros e desencontros, redescobri quem sou ao viver um romance, vivenciei cada encontro com a alma, fazendo com que despertasse a mulher adormecida em mim — agradeço a essa pessoa hoje por ter participado dessa fase da minha existência e redescoberta como mulher.

Aprendi que minha missão é a de ajudar as pessoas a serem felizes, pois isso é possível mesmo quando somos derrotados pela vida, quando sofremos uma traição, e nos escondemos atrás de nossas rotinas por puro medo. A felicidade é uma conquista diária. Digo isso pois, apesar de tantas lutas, sofrimentos e perdas, durante estes anos consegui, ao ressignificar toda a minha trajetória, sentir-me mais forte e eu mesma podendo ser feliz. Agradeço a Deus por tudo que passei, pois só assim pude me tornar quem sou. Aprendi a me amar e me aceitar como sou, sem arrependimentos sobre as minhas decisões, aceitando-as, e mudando-as quando necessário. Chorei muito durante esse processo, perdoei quem me feriu, me perdoei por me esquecer, me aceitei e procurei aceitar os outros como são.

Hoje, conhecendo-me e vivenciando mais uma transição em minha jornada, tenho me dedicado a ajudar mulheres em situação de mudanças, com o projeto "Delas para Elas", no qual as ajudo a recuperar a sua autoestima e autovalorização ao conhecerem sua essência. Como psicóloga e coach relato aqui a história de uma das minhas coachees, que chamarei de Maria. Casada, mãe de duas meninas, advogada que, com o passar dos anos, se anulou cuidando do marido, da casa e de seus filhos e perdeu a si mesma. Preocupava-se somente com a rotina do lar e afazeres, na época fazia sua pós-graduação e escrevia um artigo para um amigo.

Um dia, em um encontro casual, ela me perguntou sobre o processo de coaching. Expliquei como seria e que os resultados dependiam do comprometimento dela para atingir o seu objetivo que era, inicialmente, o de emagrecer. Maria iniciou seu processo para emagrecer, questionei-a sobre o seu acompanhamento médico, sua nutricionista, sua rotina, enfim, tudo com o objetivo de emagrecer. Ela foi percebendo com o tempo que mais importante que o peso era encontrar a mulher que se escondeu por alguns anos atrás da rotina e papéis, e que dessa fuga culminou seu aumento de peso e descuido, viu que o peso era um reflexo do quanto ela havia deixado de se ver, de se olhar de verdade.

A cada sessão Maria chegava feliz por subir na balança, com o ponteiro mostrando uma conquista, e a cada encontro ela ia aos poucos e com sofrimento, encontrando a sua essência, perdoando as pessoas e a si mesma. O seu maior desafio no início era o de se olhar no espelho, encontrar-se consigo mesma e ver a linda mulher que estava escondida, olhar para suas várias qualidades e aceitar os seus feitos, trabalhar o seu autojulgamento e o não julgar. Descobriu assim que precisava de um tempo consigo mesma, fosse lendo um livro, ouvindo música ou se exercitando.

Na última sessão, com o seu objetivo inicial alcançado, Maria tinha eliminado em dois meses e meio quase dez quilos com dieta e atividades físicas, mas o mais importante foi que a mulher que se olhou no espelho reencontrou a Maria escondida. Ela cortou e mudou as cores de seu cabelo, passou a vestir-se para si e está mais feliz, ela sabe que a pessoa mais importante na sua vida é ela mesma.

Esse e outros atendimentos só estão sendo possíveis pela minha vivência e autotransformação. Acredito que para ajudar "Marias", o importante é sentir e conhecer, e saber como elas podem conquistar o seu espaço e voltar a ser felizes em suas vidas. Eu já fui gorda, magra, morena, loira, vivi nas academias buscando um modelo de corpo perfeito e aceitável sem encontrar nada. E quando deixei de procurar do lado de fora e olhei para o meu ser, tal encontro tive comigo que encarei de frente e vi quem eu era, uma mulher madura e segura, que aceita suas gordurinhas e não ter mais a agilidade de outrora.

Estou chegando aos 60 anos, realizada, com saúde, filhos que amo e minha mãe que, apesar de sofrer de Demência Senil, continua comigo. Minha mãe é uma Maria. Figura fundamental na minha caminhada até aqui. Choramos e sorrimos juntas, assim como os meus filhos, que sempre estiveram comigo. O que mais posso querer da vida se o melhor dela é simplesmente viver? Acreditem, a pessoa mais importante na vida é você mesmo!

Hoje, acordo todas as manhãs agradecendo ao Criador pelo dia que se inicia, por minha família e ao meu ex-marido por ter me dado três tesouros. Minha trajetória teve muitos momentos de tristeza, dúvidas, angústias e decepções, mas todos esses momentos foram ressignificados, trazendo-me crescimento para ser uma mulher que se olha no espelho e diz: "Sou linda e realizada. Sou uma mulher feliz com o que tenho, pois o Universo ou o meu Deus estão sempre comigo". A cada amanhecer e a cada pôr do sol, olhe para a sua história e continue construindo, no seu presente, um futuro respeitando a sua história.

"Luto, perda, reelaboração de sentimento,
reviver, saudade, amor...
Nunca pare, pois a vida é breve!"

# 9

# RESSIGNIFICANDO O LUTO

*Por Gláucia C. Almeida*

*"Em nossas vidas,
a mudança é inevitável.
A perda é inevitável.
A felicidade reside na nossa adaptabilidade
em sobreviver a tudo de ruim."*

BUDA

Querida pessoa,

É com imensa satisfação que venho compartilhar um pouco de minha história, um intenso sofrimento emocional causado pela perda de duas pessoas que foram fundamentais na construção de meus pilares.

Durante esse período, desencadearam-se inúmeras reações fisiológicas e psicológicas, tais como dores estomacais, diarreia, falta de ar, cansaço, angústia, tristeza... Sentia-me como se estivesse morrendo viva, pois a cada dia, uma parte de mim se perdia.

Hoje encontro-me em luto, processo de elaboração do sentimento de pesar devido à perda de pessoas queridas, o qual envolve muita tristeza.

Aprendi que perda é a experiência mais dolorosa que já vivi, pois ela caminha paralelamente ao sentimento de impotência.

Você não imagina quão desesperador é ver seu pai e sua mãe morrendo dia após dia e você não ter o que fazer para curá-los. Como dizia a minha irmã, "de mãos atadas, estávamos assistindo à morte chegar".

E agora, o que fazer?

Em meio a choros, dores, cansaço, percebi que somente EU era capaz de contornar esta situação. Então, decidi reviver, exatamente isso: RE-VIVER, seguindo os legados deixados pelos meus pais e sorrindo com minha irmã e minha filha.

Olhava para o celular e nada de papi me chamar, nada do telefone tocar... Ah, que vazio!

Fim de novembro de 2018, período em que senti que algo aconteceria em minha vida.

Soube que papi passaria por um procedimento cirúrgico minimamente invasivo. Ao receber a notícia, um aperto forte em meu peito, senti. Tentei acalmar meu coração, conversando com meu pai e amigos.

Finalmente, o dia chegou. Combinei de encontrá-lo no hospital antes do procedimento, pois o notava, por meio das mensagens que trocávamos, inseguro e apreensivo.

Ao encontrá-lo, abracei-o fortemente, olhei no fundo de seus olhos, lutando para não demonstrar o que meu coração berrava, e disse: "Já deu tudo certo!". Contudo, meu corroído íntimo dizia-me que aquele abraço seria o último entre mim e meu amado pai.

Passaram-se quarenta e oito horas da cirurgia e alterações fisiológicas começaram a aparecer. O intestino não havia funcionado e a função renal estava ruim. Ele percebia que algo acontecia com o seu corpo. Começou a ficar muito agitado, nada estava bom, não conseguia uma posição confortável na cama hospitalar, não se alimentava mais. Olhou para mim com certo desespero e, depois de um tempo, desabafou: "Filha, não vou conseguir". Lágrimas desceram pelo meu rosto sem que eu conseguisse dizer-lhe uma palavra de conforto; então, aquela mão fofa segurou-me e, em tom decidido, falou: "Não chore, não chore! Não faça assim, assim não... Estarei sempre com você, filha. Eu te amo!". Essas foram as últimas palavras que ouvi do meu amado pai, pois, em algumas horas, fora entubado dadas as complicações relativas ao choque séptico.

Mesmo sabendo da gravidade de seu quadro clínico, tinha esperança de que ele reagisse. Toda vez que o via, era como se ele estivesse dormindo profundamente. Todos os dias, após o trabalho, ia ao hospital e passava horas agradando-o e falando com ele.

Cinco dias se passaram, o corpo dele já não era mais o mesmo, o ciclo vital de papi estava se encerrando.

Um misto de emoções e sentimentos afloraram em meu ser. Quão difícil era vê-lo naquele estado... Não queria perdê-lo. Que desespero!

Entrei num processo de reflexão profunda sobre o que seria melhor para ele, e apesar da razão ir de encontro à emoção, concluí que o melhor seria o descanso eterno.

Chamei minha irmã, que sempre esteve presente na vida de meus pais, oramos e nos despedimos de nosso "papi poderoso".

Em 12 de dezembro de 2018, Almério Antônio Almeida encerrou seu ciclo cá na Terra e fez a passagem para a eternidade.

A partir daquele momento, a saudade entranhou em mim e, repentinamente, lembranças vinham à tona.

Nos horários em que trocávamos mensagens, olhava para o telefone e nada dele tocar. Um vazio me tomava e as lágrimas desciam; a garganta doía e o peito apertava.

Estávamos perto das festas de fim de ano e como tradição de nossa família, passávamos juntos a Ceia de Natal, que era preparada por minha irmã, e carregada de palpites de meu papi.

Véspera de Natal, às 17h30min, eu e minha filha saímos rumo à casa de minha mãe. Diferentemente dos anos anteriores, eu estava quieta. Cilene dirigia e conversava comigo. Dizia que, apesar de sentir falta do vovô popó, aceitava sua passagem e que guardaria os momentos marcantes que passaram juntos.

Passaram-se dias, noites, festas de fim de ano e, a quase sessenta dias da passagem de meu pai, minha mãe infartou.

Quando minha irmã me deu a notícia de que minha mãe seria internada, senti-me no meio de um furacão, que levava mais um pedaço de mim. Foi exatamente essa a sensação que tive, estava me despedaçando paulatinamente.

Após dois dias de internação, minha mãe teve inúmeras paradas cardiorrespiratórias, que foram contornadas pela equipe médica. Passou pela angioplastia que melhorou bem pouco o coração. A cada dia, o quadro clínico se agravava. Entrou em coma, estado vegetativo e, aos poucos, voltou. Que alegria senti ao vê-la com os olhos abertos. Decorridos dezessete dias de UTI, o médico chamou a mim e a minha irmã para conversarmos sobre o estado geral de nossa mãe. Sentamo-nos na sala de espera e ouvimos "O quadro de sua mãe é terminal. Ela irá para o quarto porque os recursos aqui se esgotaram."

Sinceramente, fiquei sem reação, completamente anestesiada. Minha irmã me abraçou e chorando disse: "não vou aguentar quando aqueles olhos verdes se fecharem!".

Os dias foram passando e as complicações, aumentando. Orava a Deus, pedindo força e discernimento para conseguir trabalhar, cuidar de minha filha e acolher a minha irmã. Minha vida passou a ser trabalho, casa e hospital. Embora sentisse intenso cansaço, todos os dias estava com minha mãe, pois era o momento em que conversávamos um pouco.

A partir do trigésimo sétimo dia de internação, o pulmão estava totalmente dependente do oxigênio, minha mãe parecia mais cansada e impaciente. Passou a perguntar por meu pai, mandar lembranças para ele, até que um dia ela me disse que sentia muita falta dele. Eu ouvi, mas não consegui pensar em uma resposta. Nesse mesmo dia, ela me chamou e disse que ia morrer. Calei-me e chorei escondido para que ela não visse. Tive, a partir de então, certeza de que ela sabia o que estava acontecendo e que partiria. A dor que senti era tamanha, pois estava passando pelo luto de meu papi e pela doença terminal de minha mãe.

Imagine um furacão que vai levando embora força, esperança, apetite, sono e lágrimas. Era exatamente isso o que acontecia comigo. Somente conseguia ouvir os médicos e pedia-lhes que não a deixassem sentir dor e nem sofrimento.

Dia 20 de março, às 18h, entrei no quarto e vi minha florzinha dormindo. Sabia que, a partir daquele momento, não ouviria mais aquela voz terna dizendo: "Oi, Glaucinha! E a Cileninha?".

Olhei para minha irmã, a voz não saía, pois o sofrimento era tanto, que eu já não conseguia mais saber o que sentia. Lembro somente que parecia que estava sem chão, sem apoio. Sentia-me incapaz, impotente, por não poder fazer nada pela minha mãe.

Em vinte e dois de março de 2019, Antônia Ap. M. Almeida descansou, deixando-nos saudades eternas.

Dei entrada na Licença Nojo para tentar entender o que havia acontecido em minha vida em apenas três meses. Claro que eu tinha ciência de que meus pais tinham partido, mas não entendia o porquê nem o para quê. A dor da perda e a saudade eram intensas, era como se meu corpo estivesse despedaçado. Conversava com pessoas que tiveram perdas e todas se abismavam com a minha situação, pois meus pais se foram repentinamente e em pouco tempo.

Percebi que não desligava do passado, pois uma cratera se abrira à minha frente de modo que eu não conseguia transpô-la. Sentia-me insegura para dar o próximo passo, pois estava sem meu o Porto Seguro, que eram os meus pais.

Em meio a lágrimas e medo, lembrava o que papi me ensinara, e uma das coisas era NUNCA PARE, POIS A VIDA É BREVE. Como eu sempre segui as orientações dele, decidi olhar para frente e reviver, pois o choro e a saudade nunca me levariam a diante.

Eu, minha irmã e minha filha sabíamos que a nossa união seria o ponto forte para nosso futuro.

Por fim, encontrei um outro lugar, diferente do mundo exterior, para meus amados pais. Guardei-os dentro daquele vazio que senti no começo do processo de luto e que, agora, passado algum tempo, posso preenchê-lo com recordações carinhosas de Antônia e Almério.

"Qual será o seu próximo desafio profissional? Ainda não sabemos, mas com certeza temos convicção de que tomará a decisão correta, pois, hoje, está mais preparado e vê tudo a um passo além. Toda mudança sempre parte do pensamento para a realidade!"

# 10

## HISTÓRIAS TRANSFORMADORAS

*Por Ivone Saraiva*

> *"O dia está na minha frente*
> *esperando para ser o que eu quiser.*
> *E aqui estou eu, o escultor,*
> *que pode dar forma a este dia."*
> ALBERT EINSTEIN

Economista e pós-graduada em Planejamento Global, com mais de trinta anos de experiência em diversas empresas, resolvi, há tempo, mergulhar na área de coaching para ajudar outros profissionais a entender as nuances de sua vida profissional e pessoal.

Neste capítulo, ao invés de contar a minha história, preferi relatar, sempre com nomes fictícios, histórias que ajudei a transformar. Há uma história relacionada ao coaching pessoal, em que ajudei a pessoa a avaliar como modificar a sua vida. Uma segunda, em que colaborei para que um profissional trilhasse melhor o seu caminho profissional. Fechando com uma terceira, na qual tive a chance de unir o lado profissional e pessoal do cliente para que ele pudesse ter uma nova visão sobre a sua vida.

## Coaching pessoal — o sol de sua vida

Eva buscava apoio para equilibrar-se financeiramente. Ela era uma excelente profissional liberal. Autônoma e com muitos clientes, tinha como principal desafio a variação sazonal de suas receitas.

No início do processo, fizemos uma avaliação de seu perfil, utilizando as ferramentas relativas à "roda viva", que abrange a importância relativa dos mais diversos campos das nossas vidas, como: lazer, financeiro, profissional, intelectual, emocional, espiritual, físico, e relacionamentos íntimo e social, além de uma reflexão sobre os valores que regem a vida e outras necessidades.

Durante esse processo, ela revelou: "Eu não tenho controle financeiro porque ninguém na minha família tem. Todos têm a mesma dificuldade! É um mal de família!".

Perguntei-lhe o quanto era importante para ela ter tal equilíbrio financeiro. Foi quando ela abriu o seu melhor sorriso e disse: "É muito importante! É igual ou mais importante que a quimioterapia que estou finalizando com sucesso".

Foi então que ela teve sua primeira grande descoberta interior: ela não estava acorrentada ao padrão de desequilíbrio financeiro familiar centrado nas figuras de sua mãe e de seu tio, parentes com os quais ela tinha mais afinidade.

Foi assim que Eva se estimulou a elaborar, pela primeira vez na vida, um fluxo de caixa com projeções minuciosas de receitas e despesas, no qual detalhou mensalmente todas as previsões de receita, considerando a variação desse fluxo mensal e todas as suas despesas pessoais, incluindo uma dívida com dois bancos que já durava três anos.

Ela projetou o fluxo de caixa para três anos e descobriu que nos oito meses seguintes haveria um déficit mensal se ela mantivesse todas as despesas assinaladas.

Eva tinha que reagir! Fez um grande esforço para identificar que despesas poderiam ser cortadas. Os dois itens que desequilibravam o seu caixa eram os livros que acumulava, muitas vezes sem ler, e presentes para amigos.

Veio então o desafio de passar a ter uma nova postura, desfazendo-se de comportamentos do passado. Começou a separar para doação seus inúmeros livros dos quais nunca havia virado mais que dez páginas ou que não pretendia reler. Aproveitando-se desse processo, resolveu se desfazer de tudo o que estava inerte em sua residência, apenas ocupando espaço. Revirou gavetas, armários, penteadeira, banheiro. Fez uma limpeza geral.

Sentiu um misto de alívio e alegria. Era como se ela, literalmente, estivesse dando espaço para tudo o que era novo e renovador em sua vida. O que ela separou era como um espelho de tudo o que Eva havia feito na área financeira de sua existência.

Aí veio a segunda descoberta interior: Eva descobriu que precisava presentear as pessoas porque era uma forma de compensar um relacionamento paradoxal que tinha com elas. De um lado, uma relação muito agressiva, com críticas ácidas sobre comportamentos que não aceitava; do outro, uma pessoa que ficava triste pela reação das pessoas às suas críticas. Tais sentimentos faziam com que ela gastasse seus recursos de maneira desenfreada, buscando, de certa forma, uma compensação para os outros e para a sua fragilidade emocional.

Por meio de novas perguntas reflexivas e provocativas, Eva aprofundou seu olhar sobre a intransigência perante o comportamento de suas amigas, percebendo que qualquer posição que não estivesse de acordo com o seu principal valor — a autenticidade — não era aceita por ela, gerando um desentendimento que, muitas vezes, escalava para um conflito aberto. Foi o primeiro passo para que ela aceitasse que os outros poderiam ter valores diferentes dos seus, fazendo com que conseguisse controlar suas críticas.

Então, o relacionamento com suas amigas tornou-se gradativamente mais sereno e maduro, ao mesmo tempo em que ela se sentiu "o sol de sua vida", deixando de depositar nos outros as expectativas pela sua felicidade.

Atualmente, Eva já está saindo da sua crise financeira permanente e convive de maneira mais adulta com suas amigas. Após o processo, sentiu-se muito mais fortalecida com sua nova forma de comportar. Esse novo comportamento passou a ser um poderoso hábito de Eva. Ela não precisa mais seguir o comportamento de seus familiares e ganhou uma grande resiliência no comportamento com os outros, caminhando a passos largos para ser, cada vez mais, "o sol da sua vida".

## Coaching executivo — além da presidência

Agora, quero compartilhar um processo de coaching executivo. Vou chamá-lo de André, que é CFO de uma grande empresa de prestação de serviços na área alimentícia.

Seu objetivo inicial era tornar-se um executivo de excelência em sua área. Queria refletir sobre as competências técnicas e humanas que precisaria acrescentar para atingir os seus objetivos. Recentemente, sua empresa havia feito com ele uma avaliação 360 graus, que dava as pistas sobre as suas fortalezas e fragilidades. André tem uma gana por aprender e progredir de maneira constante.

Partindo de seu objetivo, começamos o processo utilizando a ferramenta dos Níveis Lógicos, explorando sua identidade (Quem eu sou? O que quero ser?); valores (Por que isso é importante para mim?); as capacidades (O que preciso para atingir os meus objetivos?) e programação (Onde e quando farei isso?).

Essa ferramenta permite clarificar os seus objetivos, identificando os pontos de intervenção no processo de coaching para que o coachee possa caminhar em direção aos seus objetivos.

Em uma reflexão profunda sobre cada uma das perguntas que eram feitas nos estágios descritos acima, André teve o *"insight"* de que, na realidade, estava se preparando internamente para chegar à presidência da empresa, conscientizando-se de que estava muito mais ligado às questões estratégicas, de liderança e gestão de pessoas, do que às ligadas aos aspectos operacionais.

Além disso, concluiu que seu objetivo era ser presidente, não somente da empresa em que trabalhava, mas de qualquer outra empresa onde pudesse desenvolver e utilizar de maneira plena suas capacidades de liderança.

Refizemos o exercício de Níveis Lógicos. Seu novo objetivo de ser executivo máximo de uma empresa ficou ainda mais claro. Esse novo caminho era importante para ele. André queria ser um formador de opinião, vendo as coisas acontecerem sob o seu comando, sendo um CEO de sucesso, como havia sido seu pai.

A partir daí, ele começou a desenhar quais seriam as competências desse seu novo cargo, as ações necessárias, além de onde e quando desenvolvê-las. Utilizamos outras ferramentas importantes durante as sessões, entre as quais destaco: urgência e importância para aprimorar o foco, linha do tempo para fazer o planejamento de sua trajetória, identificando o quanto ele já havia caminhado para alcançar o seu objetivo, utilizando-se de todo o seu potencial.

É importante dizer que, durante o processo, ele também se conscientizou da relevância de equilibrar o seu trabalho e a sua vida pessoal, entendendo que deveria manter um bom condicionamento físico e usar o seu tempo livre para viajar, crescer e aprofundar os seus laços familiares.

No aprendizado das competências, descobriu que era fundamental melhorar sua capacidade de liderança e articulação, realizando cursos que aprimorassem tais capacidades. Conscientizou-se que precisava olhar para os seus *stakeholders*: acionistas, clientes, fornecedores, colaboradores e toda a comunidade onde a empresa e suas filiais se encontravam. E, mais ainda: que precisava estar em contato constante com os líderes de seu segmento industrial e associações de classes, além de manter diálogo com os seus pares de posição — outros presidentes.

No meio do processo, o sócio majoritário e CEO da empresa, que chamaremos de Mário, chamou-o para dizer que se preparava para voltar ao seu país de origem e pensava em prepará-lo para assumir a sua posição.

É interessante relatar que, embora tenha sido um grande acontecimento na vida do André, foi possível a ele dar uma resposta serena e firme — como consequência do processo de coaching — fazendo com que o Mário, segundo relato do próprio André, sentisse-se seguro sobre sua escolha.

A partir de então, André continuou exercendo suas funções, tendo um novo olhar para a empresa, começando a fazer, internamente e em conversas com Mário, a sua passagem gradativa para a função de CEO. Nesse contexto, decidiu, com uma boa dose de humildade, que precisava ter o apoio de alguém que o ajudasse na definição de estratégias e planejamento da empresa para o seu primeiro ano neste novo desafio. Mário acatou a ideia e contratou uma empresa para ajudá-lo durante o processo citado.

Cuidadoso, André fez um planejamento a longo prazo com métricas para acompanhar os resultados. Tem consciência da existência dos *"gremlins"* — termo usado pelo Erickson College para nomear os sabotadores de nossos comportamentos — mas vem sabendo aplicar os devidos antídotos.

André encontra-se com atribuições e problemas. Porém, ele mesmo diz, e eu concordo, que vê as coisas de uma outra maneira, com mais segurança e serenidade: "Não tenho mais medos: Sei enfrentá-los!". É o que relata.

Quando Mário nomeará André como seu sucessor? Qual será o seu próximo desafio profissional? Ainda não sabemos, mas com certeza temos convicção de que tomará a decisão correta, pois, hoje, está mais preparado e vê tudo a um passo além. Toda mudança sempre parte do pensamento para a realidade!

## Coaching profissional e coaching de vida — dois encontros

A última experiência que vou relatar, trata de um coaching profissional que se transformou em um coaching de vida.

Vou chamá-lo de Fabiano, que iniciou relatando a sua trajetória profissional: durante doze anos trabalhou em uma grande empresa de TI, como Diretor Operacional, desenvolvendo inúmeros *softwares* e produtos para outras empresas, sempre com muito sucesso. Tinha uma equipe grande e diversificada, conseguindo liderar pessoas com diferentes perfis com razoável harmonia.

Há dois anos, tinha decidido fundar a sua própria empresa na área. Diferentemente de outras, ela se especializou em avaliar e diagnosticar os *softwares* usados pelos seus clientes, fossem os mesmos adquiridos ou criados por eles, com o objetivo de usar todo o potencial do *software* existente, propor a respectiva substituição do *software* por outro mais ou menos poderoso, ou desenvolver um *software* complementar à rede de TI das empresas, resultando em uma grande economia de custos para os clientes e maior produtividade.

Houve uma procura enorme pelos seus serviços. Fabiano já tinha um time com cerca de quinze técnicos, sem contar o pessoal administrativo e prestadores de serviços.

Seu papel ainda era de Diretor Operacional, cuidando do desempenho do produto, mas, com o crescimento da empresa, também tinha que cuidar das vendas, englobando a função de Diretor Comercial e de Presidente, cuidando da respectiva gestão. Tal processo fez com que, gradativamente, sentisse uma crescente insatisfação profissional.

Foi aí que ele procurou o coaching. Na sua primeira sessão, relatou: "Era para eu estar muito feliz com o forte crescimento da minha empresa, mas por que não estou?".

Começamos nosso processo, realizado em oito sessões. Logo no início, ele demonstrou sua insatisfação com o seu papel dentro da empresa. Fabiano não estava concentrado para criar produtos que atendessem futuras demandas de sua clientela. Sentia falta de ajudar no crescimento das equipes. Definitivamente, não estava confortável atuando como Diretor Comercial e CEO.

Então, começamos a refletir sobre que tipo de trabalho o Fabiano, pessoa física, gostaria de fazer, esquecendo que ele era o dono da empresa. O começo foi difícil! Ele só conseguia deslumbrar que queria continuar a fazer com que a empresa crescesse, apesar de sentir limitações que jamais havia sentido.

Afinal de contas, o que se passava?

O exercício para descobrir qual a verdadeira função que Fabiano queria exercer na empresa foi doloroso. Era difícil separar os seus novos valores do que ele havia se proposto a fazer. O dever o chamava sem que ele tivesse entusiasmo em fazer o que deveria fazer.

Tivemos de forçar um pouco mais com a seguintes reflexões: que trabalho o faria sentir energizado como antes? Como ele se sentiria se descobrisse o seu verdadeiro trabalho? A quem ele faria bem?

E aí, gradativamente, Fabiano começou a admitir que o seu sonho era poder pensar em novos e inovadores produtos além de formar uma equipe de elite que pudesse fazer isso com ele. Fabiano não queria apenas criar. Ele queria ser o criador e ensinar como fazer a criatura. Esse entendimento trouxe novos *insights* em sua visão de futuro, tanto na empresa, como em sua vida pessoal.

Por um lado, entendeu que deveria ter outro papel dentro da empresa, sendo um estrategista que não se preocupasse com o dia a dia. E mais, ele tinha de ter a oportunidade de ajudar no desenvolvimento das pessoas para que elas pudessem evoluir.

Essa visão também se estendeu para a sua vida familiar. Há um ano havia se separado de sua mulher. Rompimento motivado por brigas contínuas por causa das diferentes visões que o casal tinha em relação à educação do filho.

Fabiano queria conduzir a vida profissional do filho, focando em seu sucesso profissional; queria que cursasse uma faculdade técnica que, na visão dele, faria com que o filho tivesse mais chances de se dar melhor na vida. Já sua mulher brigava para que sua cria pudesse realizar os seus sonhos, querendo que seguisse sua paixão pela música.

A aceitação de que ele se sentia inquieto com novas demandas profissionais fez com que Fabiano compreendesse que o mesmo poderia acontecer com o seu filho.

No meio de uma sessão, Fabiano quis, repentinamente, ligar para o filho e dizer que iria apoiá-lo no seu sonho de ser músico. Infelizmente, não conseguiu encontrar o filho e acabou falando com sua ex-mulher.

Segundo Fabiano, ele conseguiu falar com ela como nunca, dizendo que admitia que a mulher teve a sensibilidade de perceber a necessidade do filho. Os dois concordaram que iriam apoiar o seu sonho. Com certeza, teriam um filho mais feliz.

Na vida profissional, Fabiano teve o *"insight"* de compreender-se e aceitar qual deveria ser o seu papel na empresa, perceber que seu sonho era o de ser um estrategista da empresa e treinar as pessoas. Tudo isto explicitou um dos valores mais marcantes que era treinar as pessoas para que possam crescer.

Foi então que começou a pensar como poderia fazer tal mudança profissional, sem comprometer o futuro de sua empresa tão promissora. Gradativamente, foi clarificando os caminhos que deveria trilhar. Percebeu que devia contratar uma pessoa ou trazer um sócio para assumir sua posição atual, sem culpa ou sensação de fracasso.

Na oitava sessão, Fabiano disse que não precisava mais do coaching e agradeceu sobre a descoberta de seu novo caminho profissional e sobre a segurança de colaborar com o futuro profissional do filho.

Enquanto termino de escrever estas linhas, sei que Fabiano vendeu 45% da empresa. Seu novo parceiro é CEO da empresa, enquanto Fabiano dirige a área de Tecnologia e Produtos. Fizeram diversos acertos para conduzir a empresa. Ambos guardaram um balanceamento das respectivas contribuições para a empresa, demonstrando o equilíbrio em seu relacionamento.

Agora, é importante que Fabiano saiba manter-se equilibrado, contribuindo na empresa e na educação de seu futuro músico, procurando ter um diálogo aberto e transparente, que garanta um futuro brilhante para os dois.

"O que não se tem nas mãos não se pode segurar."

# 11

# UM AMOR MÁGICO E REAL

*Por Kell Haller*

*"Nossas dúvidas são traidoras e nos fazem perder o que, com frequência, poderíamos ganhar, por simples medo de arriscar."*
**William Shakespeare**

Sempre acreditei no poder de cura do famoso "baseado em fatos reais".

Acreditamos que determinado caso que acontece conosco não interessa a mais ninguém ou que nosso problema é menor, julgamos muito. Mas sempre que ouvimos algo parecido com o que passamos, sentimos um alívio muito grande.

Diante disso, pensei em compartilhar a história do meu relacionamento amoroso. Você pode estar se perguntando: mas por que esse tema tão batido?

Escolhi esse tema por ver várias questões ligadas a ele em meus atendimentos de "TethaHealing" e Barra de Access e pela minha aventura amorosa ter fugido um pouco dos padrões da sociedade.

Então, vamos ao caso: há treze anos estou com o Paolo, um mágico, ator e hipnólogo que conheci em 2005. Ele fazia mágica no restaurante Outback e uma amiga me levou para conhecê-lo.

Nesse ano eu já tinha começado um processo de grande mudança em minha vida. Havia terminado um relacionamento de sete anos, tinha feito a viagem internacional dos meus sonhos e já havia decidido que iria fazer mais coisas que me trouxessem alegria!

Tal motivação veio da doença de minha mãe. Um câncer superagressivo, que havia atacado seu corpo anos antes, mas retornara, fazendo com que eu percebesse o quanto a vida é efêmera e que, se não aproveitarmos suas nuances, ela passará pela nossa frente como na metáfora do trem: ou agarramos a próxima estação com toda força ou vemos apenas o trilho, sem saber o que o outro ponto poderia nos oferecer.

Mas voltemos ao meu encontro. Fui mais algumas vezes ao Outback ver o Paolo, ele simplesmente me cativou com a mágica, com essa leveza toda e com a alegria que ele transmitia, além de ser megagato, claro!!!

## ELA + ELE = INÍCIO

Em 2006, depois de alguns meses de persistência da minha parte e convidando-o para sair, começamos a namorar. Na realidade, foi um amigo dele que me avisou que estávamos namorando, pois fazia apenas um mês que estávamos saindo como casal. Nesse momento, eu percebi que aquele relacionamento seria diferente de tudo que eu conhecia.

Depois disso, entrei de cabeça em um mundo mágico, comecei a frequentar shows que nem imaginava que existiam, conheci inúmeros mágicos nacionais e internacionais, me diverti muito e conheci uma dinâmica de vida totalmente diferente da minha. Percebi que havia agarrado com força o trem da vida, embarcando em outra estação, meio Harry Potter, que me encantara.

Encantava-me com sua desenvoltura nas apresentações quando era desafiado pelo público e, com alegria, conseguia surpreender a todos, trazendo uma leveza para situações em que eu já estaria supernervosa. Vivi minha vida toda acreditando que precisamos controlar tudo e nada pode sair do controle, mas afinal, como estar preparada quando se trata da relação entre pessoas??

## A CLT *versus* o artista

Após algum tempo namorando, algumas pessoas próximas de mim vendo que o negócio estava ficando sério, começaram a me questionar sobre o quanto aquela relação valia a pena. Batiam na tecla que namorar um artista não me daria futuro; se eu quisesse crescer e prosperar teria de escolher alguém com o meu estilo, alguém CLT, com ambições e serenidade na vida. Eu não poderia querer alguém que queria apenas ser feliz e realizar seus sonhos utópicos. Afinal de contas, mágica não é trabalho; não dá futuro: mágica não enche a barriga de ninguém!

Por um tempo, resisti às críticas e questionamentos. Na verdade, vejo que não estava querendo olhar para aquela situação, entendendo-a e percebendo qual era a minha verdade no meio daquilo tudo.

É importante dizer que as críticas nunca vieram dos meus pais, eles sempre me apoiaram. Uma vez, minha mãe me disse: "Olha, não importa de onde vem o dinheiro. O que importa é que ele venha. Pense na relação de vocês e o que cada um sente pelo outro".

Achava isso muito lindo, mas, dentro de mim, eu ainda estava presa ao padrão "dinheiro traz felicidade e abre muitas portas". Então, eu focava muito no trabalho, me orgulhava de dizer que trabalhava muito; que era uma profissional dedicada e que estaria disposta a manter isso a qualquer custo.

Do outro lado, tinha um homem que me amava, jogando tortas imaginárias na minha cara ao mostrar que nossa vida pode ser guiada pelos nossos sonhos. Um homem inteligente que me trouxe experiências inimagináveis, fazendo-me gostar de museus, novas músicas, filmes que eu nunca assistiria; inclusive, levou-me para fazer um *"workshop"* de *"Clown"*, mostrando uma coragem incrível. Ele não fazia nada pensando muito no futuro. Simplesmente conhecia e queria conhecer o que tocava o seu coração. Antes, ouvia que aquilo era cultura inútil, conhecimento que não trariam resultados práticos para a minha vida.

Minha cabeça entrou em parafuso. De tanto escutar aquelas pessoas, comecei a questionar se esse amor todo era verdadeiro ou um mero conto de fadas. Hoje, reconheço o quanto elas foram importantes na minha vida, pois, foi a partir daí que sai do piloto automático e fui entender qual era a minha verdade.

Nessa época, já estava fazendo terapia e trouxe esse assunto para as sessões.

Queria que ela me ajudasse a olhar a minha verdade. Tive de encarar meus medos de frente; combater as minhas sombras, reconhecendo-me no meio dessa bagunça toda.

Foi bem difícil perceber minha face mesquinha, malvada e medrosa; entender que aquela boazinha que agradava a todos, na verdade, era uma mulher que se deixava de lado. Cheguei a ponto de fazer uma conta, medindo o quanto ele me custava financeiramente: sem metáforas, eu medi o meu amor em dinheiro!

Hoje penso e sei a que ponto chega a nossa loucura. Mas ainda bem que me dispus a esse ridículo; fazendo isso percebi que quando olhamos só para o dinheiro, perdemos muitas coisas que vida nos proporciona. Quando o foco é a conta no banco, o poder do dinheiro fica maior do que nossa fé e felicidade. E quantas Kells estão fazendo isso sem perceber? Quantas vezes você deixou de fazer algo por conta do dinheiro? Quantas vezes trocou um emprego por outro só pelos zeros a mais, pensando que viajaria o mundo e se arrependeu brutalmente ao ver que aquelas notinhas a mais também significavam horas extras que transformavam a volta ao mundo em mera utopia?

Não sou, nem nunca serei contra o dinheiro. Gosto muito de tê-lo na minha vida. Apenas fiz um ajuste na nossa relação. Hoje, se quero fazer algo e não tenho recursos, eu escolho fazer aquilo. Não, eu não tenho uma dívida no banco. Simplesmente, traço um plano de ação para criar esse dinheiro na minha vida.

Depois de algumas sessões de terapia olhando para todos os aspectos do meu relacionamento e percebendo meus sentimentos, encontrei minha verdade, que era óbvia e clara: continuar com Paolo, entendendo que não era crime nenhum ser o arrimo financeiro da nossa relação. "Das obviedades transforma-se o homem." Comigo, tal frase de efeito funcionou perfeitamente.

## Adeus, mamãe

No final de 2008, saí do meu trabalho para cuidar da minha mãe, que havia piorado muito. Foram quase dois meses de zelo. Período no qual ele me apoiou incondicionalmente. Nunca ouvi uma reclamação sobre as minhas escolhas. Quando eu e Paolo saíamos de casa para espairecer, ela ligava pedindo que voltássemos. Paciente, ele nunca resmungou, sempre me apoiando. Isso não tem preço!

Em novembro, ela faleceu e, meses depois, meus avós paternos também desencarnaram. Foi um período difícil, em que Paolo me acolheu, ajudando a absorver todas as minhas revoltas com Deus e meus questionamentos sobre a vida e o que tudo aquilo representava. Mergulhei ainda mais de cabeça no trabalho para esquecer um pouco da realidade. Creio que nem ele sabe o quanto o amei por ele não vir com aquelas frases prontas, do tipo: "Calma, tudo vai melhorar". Ele me trouxe à realidade sem sofrimentos, colaborando para que eu entendesse aquela situação.

Foi naquele momento que percebi que ele era o amor da minha vida. Mas eu ainda o questionava sobre a questão financeira, perguntando se não seria melhor ter um emprego, ganhar dinheiro, fazendo da mágica um *"hobby"*. A minha mente CLT ainda não entendia esse negócio de fazer o que ama. Eu adorava o meu trabalho, mas não tinha essa conexão maior com ele.

Ao longo desses anos fizemos viagens maravilhosas, passamos por altos e baixos, ele focando no que amava e eu mudando de emprego algumas vezes, até chegar na empresa dos meus sonhos. Perceba: enquanto ele fazia coisas que amava, eu ia em busca da empresa perfeita! Afinal de contas, alguém deveria trazer o dinheiro para que o outro pudesse sonhar.

## ELA SEGURANÇA e ELE LIBERDADE

Em 2017, resolvi mudar, dar mais espaço para algo novo e divertido, afinal o trabalho ainda devorava minha energia.

Fiz curso de Reiki, pois já tinha feito algumas sessões. Achei legal incluir a intuição e seguir a energia na minha vida, isso era uma grande novidade para mim. Contei que sou formada em engenharia? E sempre procurei seguir a lógica e a razão, pela segurança que transmitiam?

Mas nem sempre fui assim. Quando era pequena, seguia muito minha intuição, vivia o hoje sem me preocupar com o futuro. Minha chavinha virou quando apareceu o pré-vestibular e tive de escolher a profissão que estaria comigo pro resto da vida, aquela que me traria dinheiro e garantiria minha velhice.

Já parou para pensar o quanto isso é louco? Somos criados ouvindo que temos pouco tempo de vida e, por isso, devemos aproveitá-lo o máximo possível; de outro lado, somos doutrinados a escolher uma função social que gere renda para que, depois, possamos aproveitar a vida. No mínimo contraditório.

Em maio de 2017 fui desligada da empresa dos meus sonhos. Confesso que foi um misto de emoções. Fiquei como um pião, girando entre alegria e tristeza, sem saber em qual ponto parar.

Uma grande amiga que também havia sido desligada, me contou sobre seus planos sabáticos, enquanto eu falava sobre meu desejo de investir em algo ligado ao autoconhecimento. Falei que não queria ligar o piloto automático, procurando um novo emprego para cair em uma velha rotina. Eu queria fazer uma autodescoberta, traçando um futuro ligado ao meu coração. Poderia descobrir que deveria fazer a mesma coisa, mas era essencial que eu tivesse clareza da situação.

Foi aí que ela me contou sobre o "ThetaHealing". Mesmo sem saber nada a respeito, resolvi fazer o curso introdutório. Simplesmente amei! Logo depois do curso, participava de atendimentos voluntários. Veio a vontade de me aprofundar nessa técnica. Foram mais de dez cursos em um ano.

Nesse meio-tempo, voltei a trabalhar. Paolo continuou me apoiando em tudo, incentivando-me a fazer os cursos, mesmo que isso lhe custasse a minha companhia. Foi ele quem cuidou da casa e de nossas queridas e amadas filhas felinas durante esse período onde mergulhei nos cursos.

No ano seguinte, conheci outra técnica: o Access Consciousness. Por meio do curso de Barras de Access, fui me aprofundando e me apaixonando cada vez mais.

Foi um ano intenso. Além de começar a dar os cursos dessas técnicas maravilhosas de autoconhecimento, que ajudam muito para que possamos mudar a vida e seus padrões repetitivos, criando uma vida mais leve e feliz dentro da nossa existência, resolvi sair do meu novo emprego. Era a hora de me jogar de cabeça nesse mundo novo de ser instrutora e terapeuta holística. Coloquei todas as minhas energias nesse novo projeto, iniciando uma parceria com uma amiga, no Escolha de Novo.

Mas, Kell, e o Paolo? Então, caro leitor(a), foi a partir desse momento que conheci sua verdadeira força. Ao me colocar em uma nova experiência, de total vulnerabilidade e perda de controle da vida, vi o quão foda ele é!

O salário fixo dá aquela segurança no final do mês, né?! Mas foi me colocando nesse lugar, tendo que me mostrar, falar do meu trabalho, escutar vários "nãos", que percebi a força que ele tinha, fazendo com que o amasse ainda mais e reconhecesse-o como meu porto seguro.

## ELA e ELE = POSSIBILIDADES E SONHOS

O quanto estamos realmente dispostos a sair do piloto automático? A ir além daquele julgamento do que seria a pessoa ou a relação perfeita? Como seria não ter a tampa da panela e, sim, alguém também inteiro na sua vida?

Todas essas definições que temos preestabelecidas nos cegam para o novo, para criar um relacionamento para você chamar de seu.

As terapias holísticas nos dão a chance de escolhermos, de fato, quem queremos ser. Foi isto o que fiz com relação ao meu relacionamento, usando as técnicas com as quais entrei em contato. Olhei fundo, entendi todos os lados e fiz a melhor escolha. É isto que trago para os meus clientes. Atendendo-os e ministrando meus cursos, trago ferramentas para que as pessoas possam escavar seu inconsciente, juntar toda a terra, analisar o que é produtivo e improdutivo ali e escolher o que irão adubar para plantar uma bela flor e o que não serve mais para nada.

O autoconhecimento me encorajou a ir além do que estava vendo, de fazer um mergulho no meu inconsciente e trazer à tona meus bloqueios e poder ir além, sendo feliz, afinal eu sou a grande criadora da minha vida.

Você também tem esse poder, o que você escolhe?

"A única coisa que me acalmava era voltar para casa, deitar e segurar bem forte as mãos santificadas dos meus pais."

# 12

## SERÁ QUE ENLOUQUECI?

*Por Lucila Ferrari*

> "O inimigo mais perigoso que você poderá
> encontrar será sempre você mesmo."
>
> FRIEDRICH NIETZSCHE

Uma menina de apenas 14 anos. A caçula da família, criada com todo amor e carinho possíveis. Sem muita coerência cognitiva emocional e resiliência, acabei significando algumas experiências de forma distorcida. Foram dois lutos: distanciamento e falecimento.

Eu amava — e amo muito — minha irmã e seu marido. A notícia de que os dois iriam morar fora do Brasil foi o meu primeiro baque. Comecei a sentir um aperto no peito; uma sensação estranha corroía o meu coração. Fiquei diferente, triste, com um vazio estocado no peito. Eu só queria chorar!

Vendo a minha situação, meus pais resolveram me dar algo que sempre desejei: um cachorro! A felicidade voltou a se instalar no meu ser. Parecia que o prazo do vazio no meu peito havia expirado.

Chubby era muito carinhoso, brincalhão e fofo. Ele nem soube o quanto foi importante para que minhas crises diminuíssem. Aliás, ele sabia, sim! Era o meu "grudinho" e o meu protetor. Ninguém podia entrar no meu quarto se eu estivesse dormindo. Minha mãe diz que ele se achava o "dragão guardião da princesa". Era tão sapeca que roubava as carnes que Maria preparava e, acreditem, até dólar comeu. Eu e minha mãe nos divertíamos com as peripécias dele, enquanto meu pai, às vezes, não gostava tanto. Ele cumpriu com maestria sua missão. Mas o aperto no peito continuava ali. Ia e voltava sem explicações, mostrando que sua data de validade ainda era um mistério.

Eu estava na oitava série. Fase em que alguns aguardam ansiosos pelo *status* de pertencer ao colegial, enquanto outros começam a planejar minuciosamente o seu futuro, pensando onde e para que vão prestar o vestibular.

No meu caso, a luta diária era para conseguir levantar pela manhã. Minha maior batalha era chegar à escola. Desafio que superei com muito esforço. Quando chegava lá, havia dias em que me sentia um pouco mal, parecendo que tudo ao meu redor estava estranho. Tudo e todos pareciam conspirar contra a minha pessoa. Não entendia direito o que era aquilo, mas vida que segue...

Nas férias de julho, fui visitar minha irmã e meu cunhado nos Estados Unidos. Fiquei um pouco preocupada, pensando naquelas sensações esquisitas que vinha sentindo. Não sabia se alguma delas iria aparecer no aeroporto ou no avião, ainda mais se levarmos em conta que fui sozinha, com aquele crachá de menor desacompanhada contendo meus documentos. Mas minha vontade de ver meus eternos amigos e viajar fez com que eu desse uma rasteira em todos os pensamentos negativos.

Foi uma viagem maravilhosa! Aproveitei cada momento intensamente, fomos para a Disney e para Nova York: os sonhos se tornaram realidade. Todavia, próximo ao dia do meu retorno ao Brasil, a magia começou a perder o seu encanto; aqueles velhos sentimentos voltaram, fazendo com que eu chorasse algumas vezes, sem explicação, aumentando a minha confusão sobre o que estava se passando comigo.

Já no Brasil — mais especificamente no dia 14 de agosto de 1993 — minha avó acabara de retornar do hospital e fomos visitá-la. Estávamos reunidos na sala, quando vovó falou: "Não estou me sentindo muito bem, quero deitar". Meu pai segurou-a de um lado e minha tia do outro; deitaram-na na cama. Vovó começou a piorar; chamaram a ambulância.

Só lembro da maca entrando e saindo vazia do veículo: afinal, de que adiantaria levar uma pessoa morta ao hospital?

Vovó faleceu ali, nos braços de meu pai. Por várias noites senti a presença de vovó. Não eram visões, nem alucinações, apenas sentia que ela estava junto de mim.

Passadas algumas semanas, tudo começou a voltar: o aperto no peito, as crises de choro, os medos, aquela sensação estranha. Tudo de volta de maneira mais agressiva e intensa.

Todas as manhãs eu chorava por não querer ir à escola, por medo de passar mal. E era o que acontecia. Eu estava na sala de aula, tudo ia bem, até que, de repente: parecia que eu estava vendo tudo de cima, como se estivesse flutuando; minhas mãos formigavam, fazendo com que eu nem as sentisse; meu coração batia acelerado; meu corpo ficava gelado, eu suava frio. Parecia haver um nó na minha garganta; eu não tinha ar; minha pressão subia.

No meio desse turbilhão, via ao meu redor imagens desconfiguradas, como se fossem vultos. Tudo parecia escuro e ameaçador. A morte vinha gargalhar na minha frente.

Sem forças e com muito medo de desmaiar em qualquer lugar, me dirigia à enfermaria do colégio Mackenzie — ainda me lembro do exato caminho que eu percorria. As enfermeiras aferiam a minha pressão, faziam-me deitar na maca e ligavam para alguém da minha família ir me buscar. Até que meu irmão chegava e me levava para casa. Nossa... que sufoco!

Essa loucura fez com que eu não vivesse parte da minha adolescência. Não frequentei discotecas (aquelas luzes fluorescentes intermitentes me davam a sensação de início da crise), shows, shopping centers... O medo de sair de casa era cada vez mais perturbador. Só de me imaginar na rua, vinha o medo de passar mal, como acontecia na escola.

Comecei a entrar em desespero, pois nem mesmo comprar doces na padaria da esquina era possível. E o problema não era só ir sozinha, mas também, acompanhada. Um pensamento repetitivo povoava a minha mente: "Será que estou ficando louca? Será um recado da morte, dizendo que virá quando eu menos esperar?".

Só me restava passar dias e mais dias em casa, dormindo, sonhando, pensando tais loucuras. Meu quarto era o lugar mais seguro do mundo, enquanto a minha cabeça, o mais sombrio.

Tais episódios repetiram-se por diversas vezes. Eu tentava de tudo: tomava florais, chupava balas para a pressão não subir. Se dissessem que dar três pulinhos fazia aquilo parar, lá estava eu tentando. Mas nada adiantava. A única coisa que me acalmava era voltar para casa, deitar e segurar bem forte as mãos santificadas dos meus pais. O apoio e amor deles foi essencial!

Comecei a me desesperar. A visão da morte era cada vez mais frequente e viva. Meus pais fizeram de tudo: consultas com clínicos, cardiologistas. Fiz diversos exames. Passei um dia inteiro usando o Holter (aparelho que registra os batimentos cardíacos em um longo período de tempo). Mas nada de respostas.

A única mensagem que se mantinha em minha mente, era: "A sua hora está chegando".

A angústia só crescia com a falta de explicações. Eu só queria um porquê! Preferia que me diagnosticassem com uma doença grave, pois pelo menos saberia o tratamento. Na minha cabeça de adolescente, era: descobrir o caso, medicar e... problema resolvido!

Descartadas as hipóteses físicas, meu pai — que já teve depressão, levou-me à psiquiatra. Fiquei assustadíssima! Para mim, aquele era um atestado definitivo da "loucura". Eu não conhecia nada sobre a psicologia. Aquela chance de receber o "diploma de louca" deixou-me desesperada. Meus pensamentos já pleiteavam que poderia ser mais um sinal da morte; um prelúdio da sua entrada em definitivo para acabar com a minha existência.

Uma prima do meu pai é uma excelente psiquiatra, então, mesmo apavorada, fui fazer uma consulta. Contei-lhe tudo que estava ocorrendo. Não foi fácil. Tive dificuldades para transmitir tudo aquilo de maneira clara e precisa. De novo, era como se eu estivesse passando os dados para receber o diploma menos desejado do mundo.

Ela pediu para que eu anotasse em um papel tudo o que eu estava sentindo, pensando, em que local vinham tais pensamentos e sentimentos, quanto tempo duravam, enfim, tudo o que ocorria em minha mente durante uma crise.

Só que, para isso, eu precisava sair de casa. Voltei quase rastejando para a escola. Em cada lugar vinha o medo de um novo ataque: quanto sofrimento! Quantas doses de "respira e expira" para colocar tudo aquilo no papel. Aos poucos, o papel se transformou em um amigo e fui conseguindo anotar tudo o que acontecia no meio daquela hecatombe de pensamentos.

Imediatamente, a psiquiatra detectou que eu sofria de depressão e Transtorno do Pânico. Com o diagnóstico e um tratamento correto (psicofármacos — medicação antidepressiva e ansiolítica), somado às sessões de psicoterapia, comecei a sentir que o mundo começava a me acolher de novo, voltando a me ver como uma figura pertencente a ele. Desespero, medo e angústia começaram a se esvaziar, enquanto a figura da morte parecia um vulto cada vez mais distante.

## Uma loucura mais branda

No início de 2018, em virtude do estresse no trabalho empresarial, tive alguns ataques de pânico. Tive a prova de que a experiência é um dos melhores remédios da vida. Com mais maturidade emocional, podendo ressignificar algumas experiências vividas e a percepção que tinha do mundo e do meu próprio "eu", consegui passar pelos desafios de forma mais amena e tranquila.

Nossa transformação é intrínseca, ou seja, tudo depende, exclusivamente, de você! Tudo acontece de dentro para fora: Você quer mudar? Comprometa-se com tais mudanças? Então, coloque-as em prática!

Você já possui as infinitas possibilidades, basta acessá-las, com base no amor e na linda busca pela sua verdadeira essência.

Gosto de olhar o ser humano como um ser integral, constituído de corpo (físico), mente, emoções e alma/espírito. Devemos prezar pela harmonia para que essa unidade esteja sempre com a melhor sintonia. E ela é quem mais merece todo nosso cuidado, respeito e amor.

Foi com muita reflexão, estudo e prática de todos esses conceitos que consegui chegar ao meu estágio atual, em que tenho uma vida muito mais plena, madura e consciente. Lembrando que vivemos em um processo de evolução constante e contínua.

Para encerrar, resolvi deixar algumas dicas que me ajudaram durante todo esse ciclo. Coisas que faço para que todas as partes do meu ser estejam em harmonia:

## Conexão mente, corpo e alma

Exercícios Físicos:
Para isso, descobri que adoro pedalar. Precisamos cuidar da mente (parte psíquica) e do corpo (soma). Escolha uma atividade física que faça sentido para você e vamos liberar endorfina. Corra, dance, malhe, nade, sapateie, jogue futebol. O importante é movimentar-se.

Evolução Constante:
Temos de nos conhecer! O seu melhor amigo tem de ser você mesmo. Pratique autoconhecimento, ampliação da consciência, gratidão. Estudos comprovaram que agradecer pelas coisas menores diminui nossa ansiedade e ativa as partes do nosso cérebro responsáveis pelo nosso bem-estar — libere-se das baixas vibrações (ressentimento, raiva, rancor, dentre outros), pelo perdão e do autoperdão, gerencie os seus pensamentos, palavras e sentimentos.

Contato com a Natureza:
Pesquisas também demonstram o quanto a Mãe Natureza ajuda para que nosso cérebro fique em seu melhor estado. Eu amo a energia do Sol

e todos os elementos da natureza. É uma paz que revigora, trazendo bem-estar e tranquilidade. Adoro praia, ouvir as ondas do mar, o contato com a areia, com a energia do Sol. Se não puder estar na praia e estiver na cidade, experimente sentar-se em um parque, comprometendo-se a sentir o prazer do silêncio e toda a energia de uma folha caindo na ponta de seu pé.

Espiritualidade:
Conectar-se com o Superior, elevação espiritual, transcendência do ego para alimentar a alma (psique). Pratico meditação todos os dias, o que me permite entrar em contato com minha parte divina, minha essência, trazendo mais leveza, fluidez, amor incondicional, contatando-me com as energias mais puras e elevadas do Universo: busque a sua conexão com o Universo!

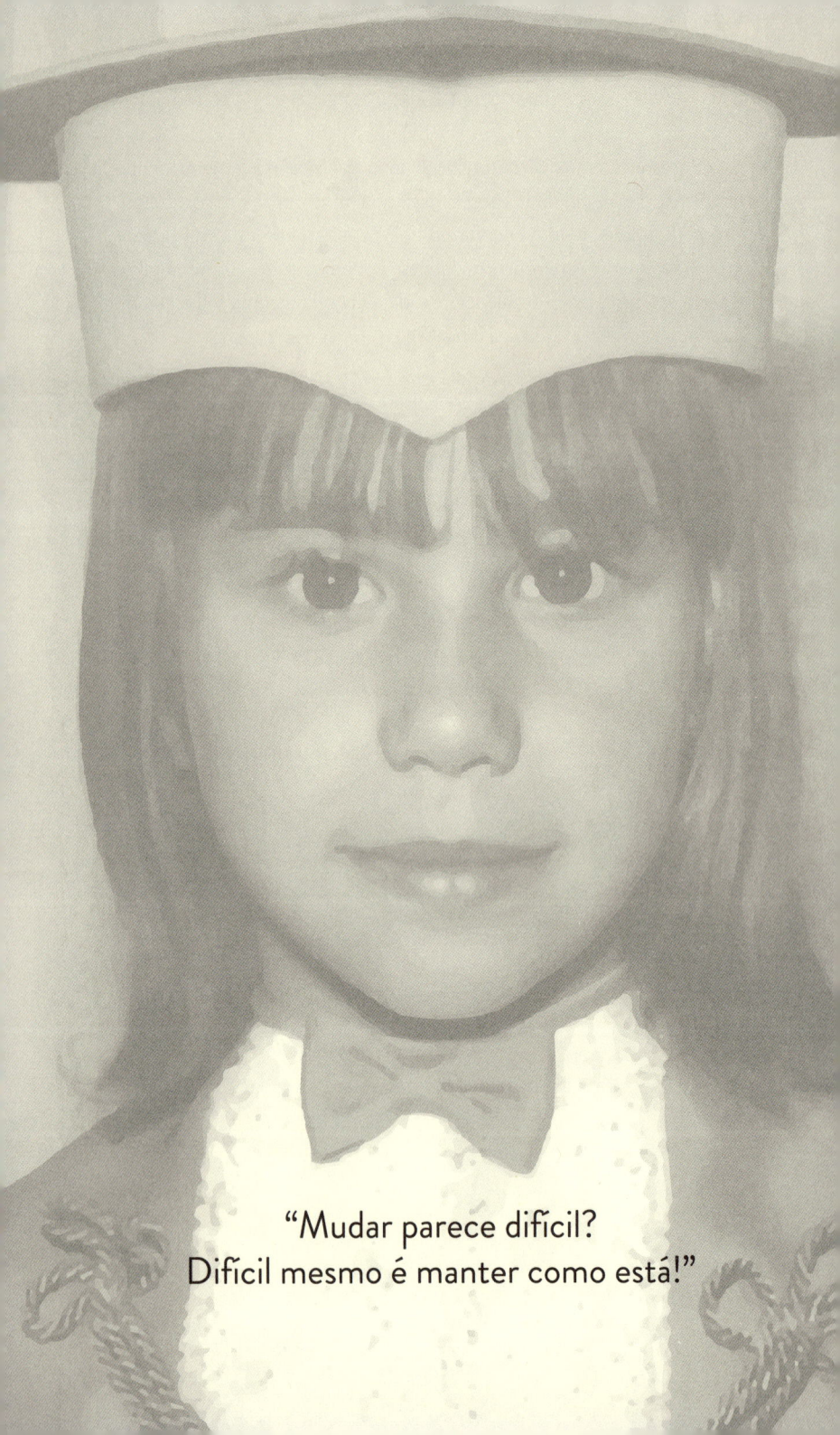

"Mudar parece difícil?
Difícil mesmo é manter como está!"

# 13

# PERFEITAMENTE IMPERFEITA

Por Regiane Ribeiro

*"Até você se tornar consciente,
o inconsciente irá dirigir sua vida
e você vai chamá-lo de destino."*

CARL JUNG

Em 2012, compreendi que havia acumulado, em minha história, aprendizados profundamente relevantes. Quando compartilhados, produziam encorajamento, autoestima, fé, superação e cura emocional. As pessoas impactadas reproduziam seus aprendizados e alcançavam mais e mais pessoas. Esse movimento se tornou incontrolável e especialmente motivador.

Algum tempo depois, após palestrar para cerca de 4 mil pessoas, nasceu a certeza: O QUE A VIDA ENSINA, COMPARTILHA-SE! Eu jamais deveria restringir tais experiências ao consultório e às pessoas do meu convívio.

Por algum motivo, esse conteúdo chega a você agora. Então, deguste, sinta o cheiro, o gosto, a forma e o movimento de cada detalhe amorosamente escolhido para estar aqui.

O que a vida ensina, **COMPARTILHA-SE**

## Se não aprendemos pelo amor, aprenderemos pela dor

Sim, o princípio foi difícil e vou precisar falar dele. É possível que você, assim como eu, tenha crescido em meio à dor. Para falar sobre isso, peço autorização aos meus familiares, para, respeitosamente, expor parte de nossa história. Estou convicta de que as feridas foram tratadas e já não doem mais. No lugar delas ficaram cicatrizes, marcas que se tornaram uma poderosa inspiração para muitas pessoas buscarem autoconhecimento, cura e transformação.

Nasci em um ambiente de violência física, verbal e emocional. Cercada por medo, vergonha, profunda tristeza e muita raiva. Raiva até de Deus, me sentia abandonada, inclusive por Ele. Meu pai nunca teve vícios, apenas reproduzia o que tinha recebido em sua criação. Tínhamos uma vida simples e de privações. Todo o tempo livre da família era dedicado à construção da casa onde morávamos, ainda sem janelas e os recursos básicos para viver. Na época, aqueles momentos se tornavam uma grande brincadeira, até algo dar errado.

Desde pequenos, meus dois irmãos e eu ajudávamos no comércio do meu pai. Aprendemos muito cedo o valor do trabalho. Assumi responsabilidades precocemente e tentava controlar tudo ao meu redor para evitar os ataques de fúria do meu pai. Hoje sei que eles não dependiam do meu esforço.

Aos 7 anos anotei um recado errado, o que fez com que meu pai perdesse um dia de trabalho. Dessa vez, a agressão física me levou para o hospital e, logo depois, ao tribunal. Entendi que não poderia ser nada menos do que PERFEITA.

Para amenizar o sofrimento, eu criava um mundo paralelo. Sonhava em ter outra família, morar em outro lugar. Desejava ter uma vida diferente diante de tanta tristeza e dor. Tinha grandes sonhos e, com isso, surgia também uma enorme cobrança sobre mim mesma. Sentia saudade de algo que ainda não havia vivido.

## Saudade do que ainda não vivi

Cresci ouvindo que se tivéssemos dinheiro tudo seria diferente. Mais um modelo mental se instalava. Se eu trabalhar muito, fizer tudo certinho, ganhar muito dinheiro, vou "salvar minha família".

O medo, a baixa autoestima e o sentimento de abandono definiram a minha personalidade. Algumas das consequências para a minha vida adulta foram: a raiva; a ansiedade; a autoexigência; a compulsão pelo trabalho; o consumismo; e a atração por relacionamentos destrutivos (tema que será um dos capítulos do meu próximo livro).

Em 1993, iniciei a graduação de Psicologia e comecei a trabalhar em Recursos Humanos. Durante vinte anos me dediquei de forma desmedida para salvar não apenas as pessoas, mas também as empresas. Meu empenho gerou um bom reconhecimento, promoções. O aumento do saldo bancário evoluiu na mesma velocidade em que colecionei fracassos na minha vida pessoal.

Eu cresci com a dor, éramos íntimas, cúmplices de uma vida e meu radar interno, desregulado, atraía exatamente o que eu não queria para mim.

## "Waze" emocional

As memórias afetivas ficam registradas no inconsciente e programam nosso "GPS" interno, uma espécie de "Waze" emocional. Eu o programava para rotas de alegria, liberdade, amorosidade, mas o inconsciente o desregulava. Quando desconfiava, eu recalculava a rota, mas o inconsciente reassumia o controle e me convencia dizendo: "*você chegou ao seu destino*". Mais uma vez, encontrava dor e sofrimento. Eu realmente acreditava que se me empenhasse muito, fizesse tudo certinho, salvaria o outro e seria amada por isso.

Após meu segundo divórcio, busquei ajuda emocional e espiritual. Certa de que meu radar estava regulado, casei-me pela terceira vez, em 2009. Um mês depois percebi que meu inconsciente havia apenas sofisticado a rota e eu estava novamente determinada e em plena missão de salvar o outro. Para compensar as frustrações do casamento, logo busquei meus anestésicos habituais: o trabalho em excesso, o consumo e novos projetos. Ao mesmo tempo, construía uma casa e tentávamos engravidar de nosso primeiro filho.

Lyon chegou em junho de 2011. Sorrateiramente a depressão veio com a maternidade, intensificando a tristeza e as decepções acerca do meu casamento. No ano seguinte, com a chegada do Yan, meu segundo filho, deixei vinte anos de carreira para empreender no ramo de franquias. Em quatro anos, mudamos cinco vezes de casa, tivemos dois filhos e mudei de carreira. Eu me mantinha ocupada o suficiente para não pensar, não sentir.

Minha vida estava totalmente fora de controle!

## Imperfeita e amada

Eu tinha vergonha de Deus, achava que deveria consertar minha vida e ser perfeita para desfrutar de um relacionamento com Ele. Meu primeiro e mais profundo aprendizado foi quando O questionei, coloquei minha revolta e, mesmo brava, muito brava, fui recebida, acolhida e aceita. Eu não precisava consertar o mundo ou sofrer para merecer ser amada. Iniciei um longo processo de cura e restauração de minha alma. A dor não fazia mais sentido. Eu era amada e isso era suficiente. Ao receber esse amor gratuito, divino e inesgotável, comecei a fazer a escolha de APRENDER PELO AMOR E NÃO MAIS PELA DOR.

O texto de Mateus, escrito no novo testamento, *"Ame a Deus de todo o seu coração, de toda a sua alma e de todo o seu entendimento. Ame o seu próximo como a si mesmo."*, (cap. 22:36 a 40) me levou à origem da minha criação. Nesse movimento espiritual e sistêmico,[1] a minha relação familiar começou a entrar em harmonia. Passei a olhar para meus pais e minha infância sob uma ótica ampliada. Muito mais do que perdoar, me religuei afetivamente a eles quando reconheci minha origem. Deixei com eles o que não era meu, os acolhi em meu coração e os levarei por toda a eternidade.

---

1. A constelação sistêmica familiar é baseada no livro *Ordens do amor*, de Bert Hellinger.

## Dez anos mais jovem

Reprogramar meu radar exigia humildade para me DESCONSTRUIR e admitir que eu não era PERFEITA e coragem para iniciar um novo eu. Foi então que recorri ao Celebrando a Recuperação[2], metodologia que havia conhecido em 2007, mas, ocupada cuidando do outro, não cuidei de mim. Dessa vez foi diferente, eu realmente passei a fazer boas escolhas para mim, mergulhei nos doze passos do programa e logo conheci a Oração da Serenidade. Passei a viver um dia de cada vez!

### *Oração da Serenidade*
*"Deus, conceda-me a serenidade*
*para aceitar as coisas que não posso mudar,*
*a coragem para mudar as coisas que posso e*
*a sabedoria para discernir uma da outra,*
*aprendendo a viver um dia de cada vez..."*

Claro que fui para o CR (Celebrando a Recuperação) motivada também a consertar o outro. Descobri que isso era codependência[3] e que não era meu papel salvar ninguém. Por mais de trinta anos eu havia carregado uma carga que não era minha, tentando suprir uma cobrança insana depositada sobre mim, o papel de salvadora que incorporei, em troca da expectativa de reconhecimento e amor.

---

2. O Celebrando a Recuperação se iniciou na Califórnia, em 1991, e hoje está em mais de 35 mil locais pelo mundo. Chegou ao Brasil em 2005, trazido pelo psicólogo e teólogo Carlos Barcelos, autor de um livro que recomendo a todos os meus pacientes, *Quero minha vida de volta*. Foi com ele e sua esposa, Elza Barcelos, também psicóloga, que aprendi sobre o nosso radar emocional e muitos outros aprendizados que compartilho aqui. Tive a honra de ser paciente desse casal que tem a minha profunda admiração. Saiba mais sobre o programa de Doze Passos no site https://www.celebrandoarecuperacao.org.br. [Acesso em: out. 2019.]
3. O codependente acredita que sua felicidade depende da pessoa que tenta ajudar e assim se torna dependente emocionalmente, coloca as necessidades do outro acima de suas próprias.

Meus filhos não precisam que eu os salve, eles precisam que eu seja a mamãe deles. Ficou bem mais leve apenas SER a mãe. Com meus pais, eu posso SER somente filha. E assim, sigo sendo eu mesma. Abrir mão do papel de salvadora, me libertar desse peso extra, me deixou pelo menos dez anos mais jovem.

## Eu sou o que sou

Eu ainda era um vulcão de emoções pronto para entrar em erupção. Minhas emoções gritavam, falavam tão alto que eu não podia ouvir minha própria voz. Cheguei ao oitavo dos doze passos do CR, O PERDÃO! Ao olhar humano, falho e limitado, parecia impossível perdoar. Aos olhos espirituais, o perdão se tornou possível e é um verdadeiro milagre que só vive quem o experimenta, transcendendo o entendimento humano.

E como foi maravilhoso exercitar o perdão ao próximo e, principalmente, a mim mesma. O sucesso profissional não me curou, o dinheiro, muito menos. Casamentos não me curaram, mudar de carreira, empreender, nem dois lindos filhos me curaram. A cura começou quando passei a ser bondosa e misericordiosa comigo mesma, aliviando a cobrança. Esse tratar espiritual resgatou a liberdade de apenas SER EU. O melhor EU, um estado de consciência que me conduz a um eu completo, corpo, mente e alma. Não um eu PERFEITO, mas um eu VERDADEIRO, que conhece seu radar emocional e é capaz de programá-lo para a rota que desejar seguir. E sou o que sou, e o que sou é infinitamente maior do que o passado.

## Olhando para dentro é que se vai mais longe

Você pode achar constrangedor tanta exposição, achar difícil revisitar o passado, pode ter receio de ser julgado. Eu também já pensei essas coisas, mas, acredite MUDAR PARECE DIFÍCIL, MAS DIFÍCIL MESMO ERA MANTER TUDO COMO ESTAVA.

Difícil era manter um personagem que me escravizava, me sobrecarregava com cobranças e altas exigências. A tensão para garantir que tudo desse certo, sempre. Mais difícil ainda era viver com as feridas abertas, sangrando.

Quando cheguei ao 12º passo do programa, fui convidada a partilhar minha história para encorajar outros. Naquele momento, entendi que cada ferida tinha um "para quê". Mesmo que eu não saiba o motivo que o levou a ler esse capítulo, sei que tem um propósito. Podemos aprender pelo amor, pela dor e também pela alegria, paz, prazer, coragem, fé, pelo silêncio e tantas outras formas.

O mais importante: é olhando para dentro que se vai mais longe! Voe!

Aos meus filhos, Lyon e Yan, faço um pedido: sejam apenas crianças, deixem as coisas de adulto com os adultos. Eu os libero de qualquer peso que mamãe e papai possam ter depositado em vocês. Eu serei a mamãe, e vocês, os filhos.

Sou IMPERFEITA e está tuto PERFEITAMENTE bem.

## Integrar Psicologia e Coaching

Paralelamente ao meu processo de cura interior, e para ajudar ainda mais pacientes e clientes, fundei a Integrar Psicologia e Coaching. Sintetizei as melhores e mais relevantes ferramentas ao longo de mais de vinte anos de profissão e desenvolvi uma metodologia personalizada de autoconhecimento. Um processo com começo, meio e fim que leva a uma transformação profunda e duradoura, em um formato breve e de resultados comprovados.

"Compreendo hoje que eles fizeram o melhor que podiam fazer para nos criar e educar. Todos nós sempre o fazemos!"

# 14

# NA VIDA, NÃO EXISTEM FRACASSOS: APENAS RESULTADOS!

*Por Rogério Pedace*

*"Se você quer transformar o mundo, experimente primeiro promover o seu aperfeiçoamento pessoal e realizar inovações no seu próprio interior. Estas atitudes se refletirão em mudanças positivas no seu ambiente familiar. Deste ponto em diante, as mudanças se expandirão em proporções cada vez maiores. Tudo o que fazemos produz efeito, causa algum impacto."*

DALAI LAMA

Eu sou o quinto filho de uma família descendente de italianos por parte de pai e mãe, muito tradicional e com valores muito fortes ligados a estudo, trabalho, família, casamento e filhos.

Para entenderem melhor, fui aquele filho temporão: nasci oito anos após o meu irmão mais próximo, o que influenciou muito minha personalidade. Vivenciei todas as dificuldades enfrentadas pelos meus pais para educar e criar meus irmãos, que enfrentaram os momentos mais difíceis dessa trajetória.

Nosso pai foi um comerciante muito trabalhador. Trabalhava de segunda a sábado, sem nunca tirar férias, mas, mesmo assim, fomos criados com muitas restrições financeiras. Minha mãe era muito dedicada ao marido e aos filhos, muito prendada e habilidosa. Cuidava da casa, cozinhava, costurava, fazia tricô e crochê. Nos momentos mais difíceis, usava de seus dotes para costurar para fora e ajudar no orçamento da casa.

Durante muito tempo, nossas roupas novas eram as que ela mesma costurava para nós. Todos tinham de ajudar de alguma forma com as atividades da casa, desde arrumar a cama, recolher os pratos da mesa, guardar suas roupas etc. Por isso, começamos a trabalhar muito jovens para ajudar nas despesas domésticas e conquistar a nossa independência financeira.

Com meu pai e meus irmãos trabalhando e sendo eu o caçula, fui o companheiro da minha mãe durante anos, acompanhando-a por todos os lugares. Tornei-me o seu melhor ouvinte, seu ombro amigo. Pouco falei disso até hoje e acredito que meus irmãos nem tenham ciência disso, mas fui uma testemunha ocular, auditiva e muda de uma das fases mais difíceis de nossas vidas. Problemas financeiros e de relacionamento entre meu pai e minha mãe, entre meus irmãos e meus pais. Após essas discussões e brigas, minha mãe ficava chorando, com uma frase sempre sendo repetida por ela, que é viva na minha memória até hoje: "minha esperança é que você não me dê o trabalho que seu pai e seus irmãos me dão".

Viver essa realidade difícil, com uma educação rigorosa, muita cobrança para ser um modelo de correção e para dar certo, fez-me uma pessoa muito responsável, dedicada, estudiosa e trabalhadora.

Aos 15 anos, tive o meu primeiro emprego, como *office-boy* interno de uma grande empresa multinacional; com dezenove primaveras, já tinha sido promovido algumas vezes e ocupava um cargo com boa remuneração, ajudando nas despesas de casa e pagando minhas contas pessoais. Consegui comprar meu próprio carro e desfrutar de uma boa vida social, aos sábados e domingos, com meus amigos.

Uma realização para alguém que começou sua jornada muito jovem e chegou ao mundo corporativo muito assustado com as mudanças bruscas de sua vida. Morávamos na divisa da zona leste com a zona norte e a empresa era em Santo Amaro, no recém-inaugurado Centro Empresarial de São Paulo. De uma rotina de estudar e brincar, passei a ter de acordar às cinco e meia da manhã; pegar um fretado às sete horas, enfrentando uma jornada de onze horas entre trabalho e transporte, para depois ir ao colégio técnico por mais quatro horas.

Fui um aluno estudioso e dedicado, que tirava boas notas. Nunca repeti um ano sequer. Afinal de contas, não podia desapontar os meus pais que sempre esperavam o melhor de mim. Fiz quatro anos de colegial técnico para poder ter uma profissão na área de construção civil. Sonhava ser engenheiro civil e queria poder trabalhar na área antes de obter o meu bacharelado.

Tudo na minha vida tinha de acontecer logo! Eu era sempre um dos mais jovens na escola, no trabalho, no círculo de amigos. Tal sentimento era tão forte que, com 21 anos, estava angustiado por não ter encontrado a mulher da minha vida, com quem casaria e teria filhos.

## O casamento

A angústia perdurou no meu peito até os 25 anos, quando, após três anos de namoro, casei-me pela primeira vez. Foi nesse mesmo período que a Engenharia ficou pelo caminho, sendo trocada pela Tecnologia da Informação. Era a alternativa que oferecia as melhores oportunidades de emprego, carreira e remuneração, pois, na crise dos anos 1980, "engenheiros viraram suco".

A vida parecia ser boa e próspera, mas alguns sinais começaram a aparecer, tentando me avisar que tudo não era um mar de rosas. E com a minha personalidade e visão de vida, dá para imaginar o quão difícil foi perceber e compreender o que o Universo estava tentando me dizer. Foi quando tais sinais viraram mensagens cada vez mais claras.

Para juntar dinheiro para o meu casamento, assumi o maior número de plantões possíveis, ganhando horas extras, além de sempre lutar para me destacar para seguir em frente, sendo promovido e melhorando a minha remuneração.

Neste período, tentaram me prejudicar no trabalho duas vezes: na primeira, tentaram me envolver como o cabeça de uma greve sindical de cuja existência eu nem sabia; na segunda, meu chefe imediato armou uma situação e me acusou por desacato ao RH e me mandou embora, depois de uma situação de trabalho na qual eu o confrontei por ele ter sido injusto comigo. Pelo meu histórico e reconhecendo que houve um excesso, os profissionais de Recursos Humanos me arrumaram uma outra posição em uma outra empresa do grupo.

Hoje consigo compreender que tais acontecimentos eram os sinais que a vida tentava me passar, querendo demonstrar que havia algo de errado. E não era com a injustiça que eu imaginava ser alvo, mas, sim, do modo como estava me conduzindo através dela.

Mas essas não eram as únicas mensagens. Meu casamento veio cercado de surpresas boas e ruins que ainda demorei para entender.

A um mês do matrimônio, com tudo praticamente pronto, convites distribuídos, muitos presentes recebidos, casa pronta para morarmos, igreja e festa contratada, minha noiva quis desistir e cancelar tudo sem um motivo claro.

Nem preciso dizer que fiquei arrasado! Por uma ou duas semanas parecia que minha vida estava sem saída. Decidi procurar minha noiva, convencendo-a que reatássemos.

Mas o que para a maioria é um dos momentos mais felizes de suas vidas marcou-me com episódios não tão alegres e que, até hoje, estão como feridas na minha memória. Problemas com a cerimônia, a festa e durante a lua de mel.

Mesmo assim, minha determinação interna ordenava que era só ter paciência e persistência que com o tempo tudo daria certo.

Vieram nossas filhas, que preencheram um espaço muito importante no meu ser. A paternidade fazia com que meu inconsciente gritasse que, por mais problemas que a relação tivesse, qualquer sacrífico valeria a pena pelas meninas.

Passaram-se os anos, com seus altos e baixos na vida profissional e pessoal, até que as instabilidades emocionais da minha esposa, seguidas por episódios de depressão cada vez mais longos, começaram a me afetar profundamente, a ponto de eu precisar me tratar para não sucumbir a toda a pressão emocional que estava vivendo e tendo de dar conta de duas filhas pequenas, esposa doente, além de ser o único a trabalhar e pagar as contas. Quando não tinha esposa, babás e familiares para ajudar, ainda tinha jornadas noturnas e de finais de semana para dar atenção e cuidar de minhas eternas princesas.

Por mais que eu tentasse manter minha vida profissional isolada e isenta de impactos, sabemos que tal feito não é digno de um humano, pois somos uma única pessoa; muito dos problemas que enfrentei estavam associados. De novo, só entendi tais mensagens bem mais tarde.

Meu casamento havia completado bodas de zinco. Já estava empreendendo na área de TI por dois anos, porém, o distanciamento entre o pessoal e o profissional era cada vez mais complexo, fator que alterou o crescimento dos meus negócios.

Foi quando recebi o convite de um cliente para trabalhar para ele em tempo integral como empregado, o que proporcionou o início de uma grande mudança que não habitava os meus melhores sonhos.

Passei a ter contato com profissionais das mais variadas formações, acostumados a lidar com gestão de pessoas, que me proporcionaram novos conhecimentos sobre o comportamento humano.

Uma das minhas primeiras atitudes corretas foi procurar pelo autoconhecimento. Desbravei meus valores, motivações pessoais e tudo o que permeia o conhecimento humano. O principal aprendizado e conclusão a que cheguei nesse período foi, como todo conhecimento simples, difícil de assimilar: o único responsável por tudo era — adivinhem só — eu mesmo! Tudo ficou mais claro e menos injusto, fazendo com que eu me libertasse daqueles valores muito arraigados; valores que bloqueavam a minha existência e não deixavam que eu mudasse o modo como encarava a vida e os comportamentos, que me faziam ter problemas profissionais cíclicos e postergar decisões importantes na minha vida pessoal.

## O divórcio

Mas as decisões que eu tinha de tomar não eram fáceis. E uma das principais era uma contraposição das angústias daquele jovem de 21 anos que sonhava em ter uma família e do homem que tinha seus princípios arraigados: a separação. Por mais difícil que ela pudesse ser — e foi — era o melhor para todos.

O processo todo levou nove meses para se concretizar, e o dia em que saí de casa foi outro dos mais marcantes e difíceis da minha vida. Não estar todos os dias com minhas filhas, levá-las à escola, cuidar delas, cortou o meu coração, mesmo tendo a certeza de que sair daquela relação que já estava doente, ajudaria a melhorar a vida de todos.

Fui um dos pioneiros, mesmo sem previsão legal e claro, com anuência da mãe das minhas filhas, a fazer uma guarda compartilhada que me permitiu estar com as meninas durante a semana, além de pegá-las quinzenalmente.

Aos poucos, minha vida foi se organizando: montei um apartamento com todo o conforto para que as minhas filhas se sentissem em um verdadeiro lar, recordo-me da surpresa delas quando chegaram lá pela primeira vez. Verificaram, com seus olhinhos brilhando, seus quartos com todos os detalhes e decoração de acordo com suas idades e necessidades.

Tínhamos uma rotina durante a semana: eu as pegava após o trabalho, dava o jantar e colocava-as para dormir. Aqui cunhamos uma frase entre nós que era usada na hora de colocar as meninas para dormir: "Boa noite! Te amo! Fique com Deus, durma bem e com os anjinhos".

Pela manhã, tomávamos café juntos, depois as levava para a escola e ia trabalhar. Na saída, a mãe ou meu pai iam buscá-las. Os finais de semana em que eu ficava com elas eram sempre repletos de programações divertidas. Íamos a parques, ao clube, ao shopping ou ao cinema; encerrando sempre com um jantar especial de domingo na casa dos meus pais.

Nas férias, eu procurava planejar viagens que proporcionassem momentos especiais e em condições que um pai e duas filhas pequenas pudessem aproveitar e se divertir juntos, embora não fosse uma tarefa muito fácil em uma sociedade, no início dos anos 2000, sem preparo para essa situação. Isso me fez enfrentar muito preconceito, mas tudo valeu a pena.

## Um novo recomeço

Muitas mudanças continuaram acontecendo. Após quatro anos, conheci minha atual esposa. Um novo casamento, transformações no campo pessoal e profissional, tudo como parte de um contínuo processo de crescimento e evolução pessoal.

Anos mais tarde, o destino ainda me reservou a oportunidade de assumir em definitivo a guarda de minhas filhas, podendo criá-las até a idade adulta. Aqui devo agradecer profundamente o apoio incondicional que minha esposa me deu.

A formação de um novo núcleo familiar é sempre desafiadora, e não foi diferente conosco. Nesses quatorze anos, enfrentamos problemas, superamos e aprendemos que é assim que tem de ser, porque a vida é uma escola onde somos alunos e professores o tempo todo.

Hoje, passados quase vinte anos, sou novamente empresário, agora na área de Recursos Humanos, que escolhi em meio ao momento mais turbulento da minha jornada: coach, terapeuta e *practitioner* em Programação Neurolinguística. Sigo em desenvolvimento, buscando por novos aprendizados e ensinamentos que me levem a uma evolução constante.

Minhas princesas já são mulheres, com 29 e 23 anos. A mais velha formada em Relações Públicas e a caçula, em Rádio, TV e Internet. Têm suas vidas encaminhadas e continuam a contar comigo e com a minha esposa como suporte emocional e familiar; uma família mais adequada à realidade da vida e não aos dogmas do passado.

Entendo que até mesmo meus pais, que a princípio eram contra a minha separação, com o passar dos anos compreenderam e concordaram com minhas escolhas. Eles sabem que aquela foi a melhor decisão. Eles já passaram para outra dimensão, mas sou eternamente grato por todo o apoio e amor que me deram durante minha trajetória. Compreendo hoje que eles fizeram o melhor que podiam fazer para nos criar e educar. Todos nós sempre o fazemos!

Por fim, além do reconhecimento da responsabilidade, peço perdão a todos que, ao passar pelo meu caminho, eu possa ter magoado ou prejudicado e agradeço a contribuição que tiveram na minha vida pessoal e profissional. Gratidão!

"Por incrível que pareça,
a volta para a casa de meus pais não
fez com que eu só os amasse mais:
ela fez, principalmente,
com que eu me amasse mais."

# 15

# VOLTANDO PARA A ÂNIMA

Por Thiago Oliveira

*"Pra onde eu vou; eu não levo casa, não levo nada;
vou nesse voo; eu não levo peso, só levo asas."*
TRIBALISTAS

## O jogo

O adolescente revoltado virou um adulto sem perspectivas. O Universo tinha de fazer alguma coisa para que aquele ser, que vivia hibernado em uma bolha de mentiras, se abrisse de novo para o mundo.

E tudo começou com uma das maiores paixões de sua vida: o futebol.

Final do campeonato paulista de 2017. Como estava sem dinheiro, fiquei em casa para ver o clássico entre Palmeiras e Corinthians. Estava nervoso como sempre. Comprei minha Coca Zero, salgadinho e esperei o jogo começar.

Estava tenso. Eu xingava o juiz sem parar, até que ele expulsou o goleiro palestrino. Foi quando tive o primeiro ataque de convulsão. Meu corpo recebeu uma descarga elétrica, deixando-me fora do mundo por alguns segundos que, no meu inconsciente, foram horas de sofrimento.

Continuei segurando firme. Achava que para ser homem deveria segurar tudo o que acontecia comigo sem comunicar a ninguém. Fui criado com os conceitos de macho alfa, em que um choro, uma raiva, um desespero, eram sinais de fraqueza extrema. Eu tinha de superar tudo calado. Minha única voz estava nos textos que escrevia e deixava escondidos no meu computador, com medo de publicá-los, pensando na opinião dos outros.

Os ataques foram seguindo, até que o juiz demorou minutos para decidir se marcaria um penal em Dudu. Foi o último suspiro do meu cérebro naquele dia. Fiquei zonzo, caí do sofá, levando um baita tombo. Como o macho já descrito, tentei me levantar, fingindo que nada havia acontecido. Foi quando comecei a ouvir vozes e ver a figura de um homem gigante na sacada do meu apartamento.

A criança dentro de mim acordou. Comecei a chorar sem parar, desliguei a televisão e resolvi ouvir Gasparetto no meu laptop. O homem ainda estava na sacada, rindo da minha cara. Meu coração batia acelerado, eu estava sem ar e com medo.

Fiquei deitado embaixo da mesa da sala. Meu ego não queria que eu ligasse para a minha mãe, mesmo sabendo que era a única pessoa que poderia me ajudar.

Relutei por alguns míseros minutos, até que peguei o celular com as mãos trêmulas e chorando incessantemente. Chorava pelo homem invisível da sacada e por ter de deixar o macho de lado para telefonar para a mulher que me deu à luz.

Ficamos horas no telefone. A criança se acalmava com a voz doce da mãe, enquanto o ego se dilacerava por não ser capaz de enfrentar aquela situação sozinho. Era uma briga de foice entre um lado e outro de um ser que estava para se transformar.

## A volta para casa

Voltei para a casa de minha progenitora, com a criança tranquila e acolhida, enquanto o "homem" se sentia frágil, incapaz e sem rumo.

Era uma época difícil. Eu havia me separado de um relacionamento de três meses que me impactou muito. Depois dele, decidi que não precisava de mais ninguém no mundo. Minha raiva ordenou que eu ficasse em casa, fazendo minhas coisas. Meu ego urrava que eu não precisava de ninguém para ser feliz. Afinal de contas, nunca havia sido um grande "relações públicas".

Naquele tempo escrevia um projeto como *freelancer*, ia aos jogos do Palmeiras, a alguns shows no centro de São Paulo e ao cinema. Tudo sem contato com amigos ou família. Achava que eu atrapalhava mais que ajudava. Decidi ser um lobo solitário.

Hoje sei que aquilo era medo do mundo. Pior ainda: era o medo de ser eu mesmo; de fazer o que eu realmente queria; medo de ouvir os nãos da vida e saber lidar com eles. Era a raiva de ser um mimado sem rumo, que descobriria aos poucos que sempre havia sido consumido pela depressão.

Aliás, foi depois que voltei para o seio familiar que assumi que tinha depressão. Fomos a um psiquiatra que me receitou um remédio, que eu tomaria por um ano.

A depressão para mim sempre foi algo difícil de lidar. No fundo, sempre soube que a tinha, mas nunca quis assumi-la. Achava que era inadmissível um homem nascido na classe média, em um país com tantos abaixo da linha da pobreza, ter a pachorra de ser depressivo: Como ter raiva da vida nascendo em berço de ouro? Como não gostar da vida tendo tudo nas suas mãos? Como se atrever a odiar um mundo quando você faz parte da camada com mais sorte?

Era o que meu lado racional dizia. Eu achava que a depressão era parte da minha rebeldia, que não tinha como ser feliz e ver as coisas de maneira positiva em um mundo tão polarizado e injusto.

Depois que comecei a tomar o remédio, um novo ser parecia ter sido ativado no meu cérebro. Uma voz calma, branda e sem julgamentos, começou a intercalar os demônios pessimistas que eram os únicos a habitar o meu mental.

Foi um ano difícil, em que o orgulho foi se descascando lentamente da minha existência, mostrando que eu nunca havia sido o verdadeiro Thiago.

E tudo começou com a família. Sempre achei que família era algo protocolar, que tínhamos de aguentar apenas por ter nascido ali. Nunca havia sido grato pelos meus pais e meus avós. Sempre vi tudo como via minha vida: eles eram obrigados a me aguentar e eu era obrigado a sair fora o mais rápido possível, para que eles pudessem viver suas vidas de maneira feliz.

A vida era um protocolo. Negava-me a ter sonhos, projetos e perspectivas. Achava que era uma linha reta entre o parto e o caixão. Nada empolgante, estimulante, que valesse a pena. Na minha visão, infelizmente eu havia nascido. Não tinha lado bom nenhum nessa história.

Nunca me achei apto para ter alguém. Sempre que um relacionamento apareceu no meu caminho eu virei o cãozinho frágil que corre atrás do dono. Achava que aquela pessoa estava fazendo um favor para o mundo ao me aguentar.

Foi quando comecei a tomar os remédios, vendo-me frágil, sem amigos, emprego ou perspectiva, que vi que a banda tocava de outra forma.

Minha mãe foi uma leoa, sempre tentando me colocar para cima, aguentando meus estados vitimistas, ataques de convulsão e reflexões infundadas sobre o destino que eu deveria ter. Pontuava sempre que eu deveria ser grato por ter acordado das sombras e que agora tudo iria caminhar.

Ela estava certa. Comecei aos poucos a perceber a magia da família e de minha vida; comecei a ver amor nas coisas e nas pessoas ao meu redor. Passei a rir ao invés de julgar os defeitos de meus pais, meus avós, minha irmã e meus tios.

Quando comecei a tomar o remédio e tirar os demônios de minha mente, minha irmã descobriu que estava grávida. Luca veio para ser a demonstração clara de quão bom é ser ingênuo, feliz e em paz. Pegá-lo traz uma paz que nunca havia experimentado; foi a primeira demonstração de amor verdadeiro que eu propaguei por outro ser. Estar feliz ao ter nos braços um ser minúsculo, chorando e, literalmente, cagado, foi o sinal que eu precisava para entender o que era tal sentimento.

## Mas voltemos ao drama familiar...

Decidi ficar na casa de meu pai. Eu o tinha como o herói de minha existência. Um homem que deixou a bebida pelos filhos não pode ser visto de outra maneira; um ser iluminado que, com seu jeito rude e seu cigarro, sempre mostrou amor e devoção por todos.

Mas a visão de herói que eu tinha me fazia mal. Comecei a perceber que ainda tinha medo dele. Eu não conseguia expor a minha opinião quando nos confrontávamos. O que eu via como respeitar o meu pai era, no fundo, a submissão infantil daquele que passou anos indo buscar o café para o seu velho. Passei a tratá-lo com respeito, mas expondo o que eu gostava ou não. Chorei na frente dele pela primeira vez. Ele chorou abraçado com o seu filho, mostrando para o mesmo que a coisa do macho alfa não deveria ser levada ao pé da letra.

Também percebi o quanto, do seu jeito, ele me amava. Nunca tinha reparado quantas vezes por dia ele colocava as mãos em meus ombros e dizia: "E aí, filhão, tudo bem?".

Eram coisas pequenas, que só transpareciam para o meu ser agora. Sempre levei tudo isso para o lado da obrigação, nunca pelo amor. Eu me considerava um estorvo na vida de todos e acreditava que eles só faziam as coisas por terem me colocado no mundo.

No caso dos meus avós, sempre achava que não podia atrapalhar a vida de um casal de idosos que havia ficado com seus netos durante toda a infância. Também comecei a ver o quanto os fazia felizes. Percebi o quanto meu avô gostava de ver que seu neto estava vendo o jogo do Palmeiras e como minha avó adorava que ficássemos horas vendo TV.

Na verdade, o problema não eram eles: era eu! Percebi que só comecei a observar estas coisas pequenas por ver, a cada dia, mais graça e alegria na minha própria pessoa. Os ataques de convulsão traziam reflexões profundas sobre quem eu gostaria de ser. Com a dor, percebi o quão é gratificante e saborosa a vida; o quanto o clichê de que devemos aproveitar das pequenas coisas é verdadeiro.

A minha relação com minha mãe também mudou muito. Ela sempre foi muito espiritualizada e falava que tudo o que acontecia comigo tinha relação com o campo espiritual. Desde pequeno, eu me via sem identidade, pensando: se tudo que eu faço é por causa dos espíritos, o que eu faço? Quem sou eu? Para que eu estou aqui? Via-me como uma marionete do cosmos.

Depois de muitas brigas, nos equilibramos. Ela tentou entender o meu lado mais racional, enquanto eu comecei a ouvir com menos raiva os seus conselhos espiritualistas.

O que a vida ensina, **COMPARTILHA-SE**

## Outras vidas

Apesar das melhoras, eu não conseguia emprego. Apesar de ser grato e amar de outra forma a minha família, eu queria voltar a ter minha própria vida e ganhar o meu sustento.

Foi quando Léo Alves ligou, oferecendo-me o projeto do livro que você está lendo. Ele queria que eu colaborasse com a redação dos capítulos, ajudando todos os envolvidos a escrever suas histórias.

Confesso que fiquei com medo. O lado depressivo dizia que eu não era capacitado para tal projeto; meu lado antissocial tinha medo de voltar a conviver com outras pessoas e minha criança relutava em voltar para o mundo, ter novos desafios.

Mas como fazia um ano e meio que minha carteira não recebia uma moeda sequer, não tive como negar.

Digo, sem medo de ser hipócrita ou querer agradar quem pagou pelo meu serviço, que ajudar na escrita destas linhas foi a coroação do fechamento de um ciclo. Como bom depressivo, sempre acreditei que a grama do vizinho era mais verde.

Ao conversar com os autores individualmente, percebi que mesmo nos sorrisos mais estonteantes podemos ver trajetórias de extrema dificuldade; as maiores guerreiras surgiram de tempestades como as que eu estava vivendo.

Cada palavra foi uma porrada, um entendimento de como o mundo é gigante e que ninguém está aqui por acaso. Depois de terminar estas linhas, sei que estou pronto para voltar para o mundo: quero conhecer mais personagens, escrever outras histórias e ouvir mais conselhos.

Este projeto fechou o meu ano sabático em família. Sei que estou pronto e sem medo do novo. Quero voltar para o meu apartamento em São Paulo, mas, com certeza, voltarei sempre para o seio da família. Quero ouvir meu pai tossir e xingar por eu não ter lavado a louça, minha mãe acender seus incensos e limpar os meus chacras, quero ir para a casa da minha avó.

Hoje, a passos de formiga, eu me aceito cada vez mais, deixando que os outros me amem. Eu só consigo ver todos dessa forma por eu ter me enxergado com outros olhos.

O depressivo odioso, de "o mundo é uma merda", morreu. Não parei de ler jornais, Karl Ove, Dostoievski e Bukowski, ver documentários sobre as tragédias da humanidade ou horas de debates políticos sobre os caminhos nefastos que meu país tem passado.

A diferença é que antes eu via tudo isso povoado pela raiva, ira e descrédito pelo mundo. Eu não lia *Crime e castigo* para absorver a magia da Rússia do século passado e admirar a superação moral de Raskolnikov.

Aquilo para mim era somente a prova do quanto o mundo era injusto e que eu não sabia como me encaixar no meio de tantos seres podres. Hoje, consigo absorver o que me interessa em cada coisa, sem achar que aquilo é a prova de que o mundo é uma droga. Consigo chorar com Clarice Lispector — escondido ainda, finjamos que ninguém sabe — e sorrir de gratidão ao ler Rubem Braga.

Não sei o que será do novo Thiago; o que acontecerá depois deste livro. Ele aceitou que não é perfeito, que nunca será o super-herói da Marvel ou o galã fofo do romance *"teen"* da moda. Ele é humano. Um humano com tendências depressivas, ataques de convulsão que já o fizeram perder ônibus e falar besteira na Vila Madalena. Um humano sem medo do aprendizado, dos tombos e dos nãos. Um ser que, agora, com três décadas neste mundo, sabe que nunca estará sozinho, pois Thiago sempre estará ao seu lado.

Ele encarará tudo de outra maneira: com mais amor, paz e união com o seu próprio ser, pois, por incrível que pareça, a volta para a casa de meus pais não fez com que eu só os amasse mais; ela fez, principalmente, com que eu me amasse mais.

Obrigado mãe, pai, vô, vó, tio, irmã e Luca, o presente que não veio da minha barriga, mas que foi fundamental para que tudo isso acontecesse.

Ah! Gratidão a cada um que permitiu que eu mergulhasse em suas histórias e tenham a certeza de que todos estarão guardados no meu coração para sempre.

"A felicidade tem de ser descoberta por cada um. Ao nosso alcance existem momentos felizes. Temos que achá-los, aproveitá-los e saber explorar a possibilidade de torná-los mais constantes."
**Pedro Garaude Jr.**

# 16

# O LEGADO DE UM GRANDE AMOR

Por Vera Garaude

*"Mais do que máquinas precisamos de humanidade;
Mais do que inteligência precisamos de afeição e doçura.
Sem essas virtudes a vida será de violência e tudo estará perdido."*
CHARLES CHAPLIN

## A família perfeita

A forma de viver, amar a família, o próximo; ensinamentos de como viver feliz e fazer o bem. Eis o legado que um grande homem sonha em deixar para a eternidade. E Pedro Garaude, meu pai, conseguiu cumprir tais premissas.

Papai dizia que ser bom e generoso fazia mais bem a ele do que a quem estava recebendo tais gestos, enfatizando que as pessoas que descobrissem isso seriam mais felizes e realizadas. Mas sua história vai muito além desta frase.

Meu pai perdeu o pai de forma trágica, com apenas seis anos. Meu avô era um médico reconhecido. Um dia, quando voltava de um almoço em sua homenagem, foi atropelado por um ônibus. Faleceu, deixando órfãos meu pai e a poetisa Lupe Cotrim Garaude — fruto de seu primeiro casamento — que foi grande amiga de Drummond, entre outros poetas famosos, e que também morreu precocemente, aos 36 anos, vítima de câncer.

Minha avó foi uma enfermeira que, mesmo sendo católica praticante, era uma mulher moderna para o seu tempo (pelo que sei, foi uma das primeiras mulheres brasileiras a dirigir). Mulher forte e guerreira, ficou viúva precocemente, tendo de cuidar sozinha de papai.

Quando criança, influenciado pela mãe, meu pai foi coroinha, mas, com o passar dos anos, tornou-se ateu, fato que corrobora mais ainda com minha visão de que ele era realmente uma pessoa boa por natureza, sem esperar nada em troca, ao contrário de muitos religiosos que fazem o bem por acreditarem que esse é o ensinamento de Deus e serão recompensados. Conheceu minha mãe na escola, aos 15 anos, apaixonando-se à primeira vista. Também, não era para menos! Além de linda, minha mãe era inteligente e tinha um dom nato para a música.

Ambos contavam que mamãe lhe deu alguns foras no começo, não comparecendo aos primeiros encontros. Mas logo cedeu aos encantos de meu pai, tornando-se recíproca a paixão.

Mesmo sem muitos recursos, papai estudou e trabalhou muito. Em 1966, formou-se na Faculdade de Direito da Universidade de São Paulo.

Casou-se com minha mãe aos 23 anos. União que resultou em cinco filhos — sou a quarta. A terceira faleceu dias depois de nascer e ele não desistiu antes de ter um filho homem, meu irmão, que herdou o nome dele e de meu avô.

Antes de falar mais do meu pai, preciso dizer, com todas as letras, que: **AO LADO DE UM GRANDE HOMEM, HÁ UMA GRANDE MULHER**. Frase clichê, mas para mim a mais pura verdade, pelo exemplo claro que tive.

Minha mãe veio de uma família muito simples. Aos 9 anos, pediu um acordeão de presente e passou a tocá-lo, brilhantemente, de ouvido. Foi assim também com o piano. Era professora de Filosofia, estudou línguas e, depois de criar sua prole, decidiu dar aulas de francês, além de cursar Letras na USP (Universidade de São Paulo).

As lembranças que carrego de minha mãe são de uma mulher linda, *sexy*, charmosa, que dançava, tocava, cuidava de casa, dava gargalhadas, sorria e encantava o mundo com sua doçura e alegria. Uma mulher que vivia para a família. Levava e buscava os filhos para lá e para cá, tratando-os com extremo amor e zelo. Tirava a bronquite do meu peito com mãos de fada. Seu olhar meigo, sorriso doce e mãos macias eram tão confortantes que nada me fazia falta. E ainda tinha tempo de trabalhar e estudar.

Quando nasci, morávamos na Ilha do Sul, empreendimento de Yojiro Takaoka, que incentivou meu pai e mais alguns vizinhos a comprarem e construírem em seu mais novo empreendimento, denominado Alphaville, mais precisamente na Alameda Atenas, Residencial 1, um dos primeiros condomínios de um bairro inóspito. A casa era grande e branca. Suas paredes transbordavam felicidade. Todo final de semana tinha festas, churrascos, muita gente feliz. O amor do casal, que havia se conhecido na puberdade, trazia uma aura única para aquele lar. Com a ingenuidade que só as crianças possuem, cheguei a pensar que aquela cena da família perfeita duraria para sempre.

## A doença

Mas há aqueles momentos na nossa vida em que a varinha mágica quebra na nossa frente, com a fada madrinha demonstrando todas as fragilidades de uma existência.

E isto veio quando minha mãe tinha 47 anos e cursava o último ano da faculdade de letras. Fortes dores de cabeça começaram a fazer parte do seu cotidiano. Ela tinha um tumor cerebral.

O mundo desabou sobre a cabeça de todos. De uma hora para outra, nossa vida mudou radicalmente. Da família perfeita — mesmo com 17 anos, no auge da adolescência, eu ainda acreditava que aquele conceito poderia ser eterno — passamos a viver em hospitais. Exames, cirurgias, radioterapias. Dias intermináveis sem poder vê-la e tocar aquelas mãos sagradas.

Minha memória é do meu despertar no meio da noite, com barulho de ambulância, para que ela trocasse as válvulas que vez ou outra entupiam e ela não acordava, mantendo-se estática, sem reação alguma. Onde estava a pianista? Cadê as mãos doces que curavam meu peito? Como uma mulher que estudava, tocava e amava seus filhos com a mesma precisão poderia chegar àquele estado?

Meu pai, que apesar de ser uma pessoa extraordinária, era duro em nossa educação, mostrou-se então tão sensível, um herói.

Na época da doença, ele também tinha 47 anos e era tão lindo quanto sua esposa. Bem-sucedido como advogado, empresário e empreendedor, era inteligente e possuía uma luz que só quem o olhou face a face podia compreender.

Manteve-se fiel à sua paixão juvenil durante os 26 anos em que ela esteve doente. As sequelas do tratamento foram irreversíveis. A guerreira definhava aos poucos. Seus cabelos não voltaram a crescer. Engordou. Seu caminhar foi limitando-se até permanecer estática em uma cadeira de rodas. Foi deixando de comer e seus oito últimos anos de existência foram vividos vegetando em uma cama. Tudo isso com meu pai ao seu lado, beijando-a delicadamente todas as vezes que a via.

## Uma nova luz para um ser de luz

Quando minha mãe ficou doente, papai já era bem-sucedido. Tinha uma administradora de condomínios, construía casas para vender, dentre outros empreendimentos menores.

Minha irmã mais velha cursava medicina. Foi pensando na futura médica e na mulher debilitada que meu pai decidiu construir algo diferente: o Solar. Um hotel e residência para a terceira idade. Foi assim que ele sempre chamou aquele lugar, pois, em sua extrema bondade e amor, achou que poderia fazer algo diferente para os idosos. Um local onde pudessem viver bem, felizes, saudáveis, sendo tratados com amor e carinho.

Uma sincronia perfeita para unir a doença da mulher, sua filha médica, e homenagear o pai, além, é claro, do seu desejo latente de fazer algo pelo próximo.

Desejo este que também demonstrou ao obter a guarda de quinze crianças órfãs e abandonadas. Ele pagava um casal para cuidar delas com amor, dando-lhes carinho e a oportunidade de estudar e crescer na vida, até que completassem 18 anos.

Mas, muito além disso, mostrou-nos que apesar dos infortúnios da vida, podíamos seguir em frente e sermos felizes. Fazia questão da família sempre reunida, tocando, cantando, fazendo aperitivos e almoços deliciosos. Até quando pôde, levava minha mãe para todos os encontros de família, apesar do sacrifício que a situação impunha. Escreveu dois livros, alguns poemas, compôs músicas e o hino do Solar, hoje cantado por todos os velhinhos que lá residem.

Meu pai foi um empreendedor visionário e corajoso, que nunca sequer sonhou em abandonar sua esposa doente e sua família. Ao contrário disso, sempre esteve ao nosso lado o máximo que pôde, com amor, alegria e *"savoir vivre"*, como costumava dizer.

O Solar foi inaugurado no dia 3 de junho de 1998 e, quando completou 14 anos, em 2012, papai escreveu um texto que conta um pouco dessa história:

"Fazia muito frio, quando acordei, ainda bem cedo. Levei alguns segundos para me lembrar e me conscientizar de que o dia seria muito importante na minha vida e de minha família. Sentia alegria e medo, a sensação de haver terminado uma fase e começado outra, ainda mais desafiadora. Havíamos vencido o primeiro grande obstáculo: a construção física do Solar, que seria inaugurado naquele 3 de junho de 1998, escolhido para homenagear meu pai, um médico que, se vivo, completaria noventa e seis anos. Havia já muitos móveis, que trouxe de minha casa e outros, que comprara com o fim de minhas reservas financeiras e a venda de quase todo o patrimônio que havia conseguido acumular em minha vida, até aqueles meus cinquenta e quatro anos. Daria certo? Não teria superestimado minha capacidade de imaginar que algum hóspede viria morar conosco e tudo não estaria fadado a um imenso e trágico fracasso? Nosso conhecimento da atividade era mínimo. Tínhamos visitado algumas instituições, mas nossa experiência era diferente. Escolhemos partir para um conceito novo pelo qual idosos não mereciam viver mal, em casas sombrias e tristes, quase tudo o que havia, até então. Não tínhamos paradigmas, pelo menos no Brasil, e o grande desafio era quebrar uma ideia subjacente em nossa cultura tupiniquim: filhos que amam seus pais não os abandonam em clínicas geriátricas. Era preciso vencer o conceito arcaico e irracional. A solidão, o abandono, a desesperança sempre foram nossos inimigos declarados e estávamos dispostos a combatê-los, a mostrar que eles não teriam lugar no Solar Ville Garaude. Passados esses quatorze anos, constatamos o acerto de nossa proposta. Ela basicamente sempre consistiu em provar que as pessoas da chamada terceira idade podem ser felizes se morarem em um espaço em que sejam tratadas com respeito, carinho e amor, por pessoas que as querem ver bem, saudáveis, dispostas, alegres e não sós. E acreditar, sinceramente, como acreditamos desde o início, que esta etapa da vida não precisa ser triste, de consternação e espera. Ao contrário, a alegria de viver é possível, deve ser buscada porque é sempre positiva, boa, vantajosa e não há qualquer razão inteligente para excluir a velhice de nossa curta passagem pela vida. Acho que lutamos o bom combate e estamos vencendo...

Pedro Garaude"

Ainda hoje, o Solar é um sucesso — quem o conhece e faz parte dele sabe disso. Tem luz própria. Tem amor. Tem alma. E tem na frente uma praça que leva o nome de Pedro Garaude Jr. (Projeto do Vereador Allan Miranda, aprovado na Câmara por unanimidade).

Infelizmente, no dia 5 de setembro de 2015, meu pai veio a falecer, aos 71 anos, vítima de um câncer cruel e avassalador. Seis meses depois, minha mãe seguiu o mesmo caminho, como quem estivesse apenas na espreita, aguardando que seu amor fosse embora para acompanhá-lo.

Não posso deixar de contar que, uns dois dias antes de morrer, internado no hospital, meu pai pediu para que seu oncologista lhe desse apenas um dia de alta. O médico não autorizou, pois ele estava muito fraco. Mas papai insistiu e, como bom advogado que era, conseguiu convencê-lo.

## VERA GARAUDE | O legado de um grande amor

De cadeira de rodas, foi se despedir do grande amor de sua vida que, naquele momento, já se encontrava em estado vegetativo há tantos e tantos anos. Mesmo sem forças, ajudamos para que ele seguisse até o quarto. Presenciei o último beijo do casal que moldou a minha existência. Não tem como descrever o que foi aquele momento.

Logo depois, muito debilitado, fez uma reunião com os funcionários do Solar, da qual, infelizmente, não pude participar. Voltou para o hospital para falecer dias depois, ao lado de seus quatro filhos.

Não conseguiria encontrar palavras para mensurar a minha dor, de meus irmãos e dos nossos filhos, seus netos queridos. Só tenho que dizer que o legado que nos deixou é eterno e que a presença desse casal em nossas vidas, o amor, a generosidade, o valor à família, à união e a lição de fazer de cada simples momento um grande acontecimento, sempre estarão vivos dentro de nós. E isso nos faz felizes.

Hoje, mesmo com algumas dificuldades, eu e meus irmãos estamos conseguindo dar continuidade ao seu legado no Solar e em nossas vidas. Estamos juntos, baseando nossas vidas no amor e no conceito de que juntos somos mais fortes e felizes. Aliás, esta é a nossa *hashtag*:

#juntossomosmaisfortesemaisfelizes.

Esperamos que assim seja sempre, que nossos filhos sigam esses ensinamentos levando-os para as próximas gerações e, quiçá, essa história possa servir de exemplo e inspiração para outras pessoas.

Este foi o meu intuito ao aceitar o convite para ser uma das autoras deste livro. Além de homenagear meus pais, gostaria de inspirar pessoas com amor, espírito de solidariedade e união de família, talvez o maior segredo para se encontrar a felicidade.

"A felicidade tem de ser descoberta por cada um. Ao nosso alcance existem momentos felizes. Temos que achá-los, aproveitá-los e saber explorar a possibilidade de torná-los mais constantes." Pedro Garaude Jr.

"Tudo isso só foi possível depois que me conheci..."

# 17

## REINVENTANDO MINHA HISTÓRIA

*Por Vivian Castanheda*

*"Insanidade é continuar fazendo sempre a mesma coisa e esperar resultados diferentes."*
ALBERT EINSTEIN

## O abandono

Eu só tinha 8 anos… Eu e minha boneca ficamos sentadas na escada do quintal, observando o seu carro partir. Sentia-me com medo e abandonada.

Foram muitos momentos de tristeza, raiva e choro. Naquela época, uma menina com tantos sonhos se perdia em lágrimas, pensando: o que será que fiz de errado para isso ter acontecido?

Começava a querer conhecer o mundo, quando, de repente, minha mãe decidiu viver a sua história. Ela dizia que amava muito suas três filhas, mas que se amava mais ainda. E simplesmente se foi…

Eu não me lembro de muitas coisas daquela época. Meu coração diz que foi um desafio muito grande, que teria sido insuperável sem a figura do meu pai que, com todo o seu amor, dedicou sua vida pelas suas filhas — e que, ainda hoje, são a sua razão de vida.

Eu sofri muito! Aquela menina com oito primaveras chegou a escrever um livrinho na aula de português, que guardo até hoje, contando sobre a falta que a figura da mãe fazia em sua vida, chegando a questionar o quanto lhe faziam falta as cobranças se ela tinha ou não feito o dever de casa.

Pensando bem, antigamente eu nem conseguiria escrever estas linhas. Sinto orgulho do quanto evoluí. Tive, e ainda tenho, de trabalhar as questões referentes ao abandono. Qualquer coisa que pareça com essa palavrinha mexe com a minha criança, provocando em minhas entranhas uma tristeza muito grande.

Mas, apesar dos pesares, tudo andava bem. Meu pai sempre foi um exemplo de carinho e amor, dedicando-se bravamente para que suas três filhas tivessem a melhor criação possível.

Até que, com 13 anos de idade, minha mãe resolveu voltar para casa...

## O retorno

Até então, minha mãe morava em Minas Gerais e somente aparecia quando precisava resolver algo por aqui em São Paulo. O lado bom dela precisar resolver algo é que sempre trazia para os nossos braços a nossa caçula, para podermos matar as saudades que eram muito grandes.

Eu tenho outra irmã mais velha. Como éramos as maiores e estudávamos, vivíamos sempre com o meu pai. Mas a caçula, vivendo o início de sua existência, ia e voltava o tempo todo, fazendo com que a saudade batesse muito forte.

Quando comecei a entrar na adolescência, eis que minha mãe volta para o nosso convívio diário. O lado bom foi que a caçula voltou. Mas as brigas eram muito grandes, afinal de contas, já estávamos acostumadas com o nosso novo estilo de vida, mesmo sendo ainda meninas.

No meio das discussões, ela sempre dizia que, de qualquer maneira, éramos suas filhas e devíamos respeitá-la — o que era sempre muito desafiador, pois, depois de muito tempo sozinhas, tendo apenas o convívio do pai, voltar a ter na rotina alguém por quem já tínhamos perdido o respeito e admiração era muito complicado.

Foi nessa fase que minha maturidade começou a brotar. Aos 14 anos, comecei a trabalhar. Não queria depender de meu pai, e queria mostrar que minha independência me daria suporte para não ter de seguir as suas ordens, além de desejar minhas próprias conquistas. Então, consegui meu primeiro emprego e, com isso, pude também ajudar meu pai a ter um pouco de fôlego — pelo menos com os meus custos.

Passaram-se os anos com brigas e mais brigas dentro de casa. Minha avó materna veio morar conosco, nossa caçula já era uma adolescente, enquanto a mais velha mudou-se para a Inglaterra.

## E eis que minha mãe resolve partir novamente...

Como da primeira vez, sem nenhum alarde, ela pegou suas malinhas e foi para o apartamento que tínhamos na Praia Grande. Ela já ia para lá todo final de semana. É um mistério o que motivou papai a comprar aquele apartamento. Alguns dizem que era para reconquistar minha mãe, outros, que foi pelo seu gênio dócil, avesso a brigas. O que importa é que uma noite ela foi para a praia e não voltou mais.

Foi uma fase difícil para o meu pai. Sentiu-se como suas filhas, abandonado pela segunda vez. Foram várias noites levando-o para o hospital devido à sua pressão alta. Papai guardava tudo para si. Nunca brigava, questionava ou apontava o dedo para ninguém. Ficava tudo dentro dele, prestes a explodir.

Em 2002, formei-me em Comunicação, apesar de sempre ter sonhado ser Médica ou Psicóloga. Eu queria ajudar as pessoas, mas o destino quis que fosse diferente: mal sabia eu que iria ajudar as pessoas de uma outra forma!

Comecei a trabalhar no mercado de comunicação visual em 1997, que é onde atuo até hoje. Naquela época, essa área tinha muito a ver com comunicação. Mais uma vez, o destino me colocava nos trilhos necessários para ganhar forças e experiências.

Alguns anos antes da minha mãe ir embora pela segunda vez, minha avó materna sofreu um acidente, quebrando o fêmur e indo morar conosco. Quando minha mãe saiu de casa, restaram eu, a caçula, papai e minha avó.

Com o tempo, pude perceber o quanto meu pai era bom, pois, pensemos bem: quem aceita que sua ex-sogra more em sua casa, quando foi abandonado pela segunda vez por sua esposa?

Um ano depois a caçula também foi para a Inglaterra; minha avó voltou para a casa dela e restamos somente eu e meu pai.

No ano seguinte, a saudade era imensa. Não aguentei e fui atrás das minhas irmãs.

Nossa relação de irmãs é além dessa vida. Passei onze meses com elas, conhecendo o desconhecido e vivendo uma nova vida perto das delas, mas, para minha surpresa, meu pai sofreu um acidente. Não tive dúvidas! Voltei imediatamente para cuidar dele, pois ficar não teria sido justo com ele, e muito menos com as irmãs, que já estavam com a vida encaminhada na Europa.

Entretanto, nada é por acaso...

## A doença

Em 2016, no dia seguinte ao aniversário da minha avó, recebi uma ligação da minha tia dizendo que minha mãe tinha ido visitar a minha avó. Ela achou estranho que minha mãe estava com um comportamento incomum. Ela tremia muito e havia caído; disse que ela não estava nada bem, sugerindo que eu a levasse a um médico.

Só falávamos com nossa mãe pelo telefone. Pouco nos víamos e, ao receber o telefonema, percebi que era grave. E conhecendo a mãe que eu tinha, era necessário verificar.

Nesse período, a caçula já havia voltado da Inglaterra e já estava casada. Fomos as duas conversar com um médico, sem nem imaginar o que estava por vir...

A surpresa não foi boa e quando a médica nos deu o diagnóstico, perdemos o chão. Descobrimos que ela tinha uma doença rara e, pior do que isso, que ainda não existia um tratamento para essa tal PSP – Paralisia Supranuclear Progressiva.

Precisávamos nos preparar, pois, dali para a frente, nossa mãe precisaria de um acompanhamento diário. Em pouco tempo, ela iria perder toda a sua mobilidade. Não havia e não há cirurgias ou medicamentos específicos para esse mal raro.

Estávamos no subsolo da vida. Agora, realmente, não havia chão!

Como ajudar alguém que, quando mais precisamos, não estava presente? E para agravar ainda mais, um ser sem qualquer recurso. Dali para a frente, ela dependeria totalmente da gente, física e financeiramente.

Imediatamente, tentamos colocar alguém para cuidar dela, mas, como o seu mal avança muito rapidamente, teríamos que contratar mais de uma pessoa. Fora que, onde ela morava, não havia recursos médicos que poderiam auxiliá-la.

Foi quando decidimos trazê-la para São Paulo e colocá-la em um residencial, onde ela pudesse contar com todo o amparo e cuidados necessários, além de ter sua família por perto.

Não foi um processo fácil. Não só pelo fato de encontrar um local apropriado e que aceitasse uma pessoa menor de 60 anos, como também pela resistência dela e de toda a família, que não entendia que esse era o melhor a se fazer.

E, mais uma vez, meu pai foi um guerreiro. Foi o primeiro que nos apoiou, ajudando em tudo: visitava-a toda semana, buscava seus remédios, levava-a ao médico, às sessões de fisioterapia, à fonoaudióloga — enfim, fazia tudo o que podia para ajudar.

Ele continuava sofrendo calado ao ver como a mulher que largou tudo para viver seus sonhos depois de casar-se com apenas 16 anos e ter sua primeira filha aos 17; que era tão forte, cheia de vida, guia turística que vivia viajando o mundo, definhava aos poucos.

Sua doença é muito rápida. Dia após dia ela vai perdendo seu controle, sua mobilidade, e o mais triste de tudo é que ela continua lúcida e forte, pois não aceita a doença, sofre por saber de tudo que está acontecendo e não consegue controlar nada, e já está em uma cadeira de rodas, dependendo de todos 24 horas.

Enquanto escrevo estas linhas, penso no quão é complexo entender que uma pessoa que fui visitar há poucas horas em situação preocupante, estará ainda pior quando eu voltar para visitá-la amanhã…

## Reencontrar a mãe, reencontrar eu mesma

Logo que descobri que minha mãe estava doente, comecei a fazer terapia. Pensamentos confusos povoavam o meu ser: como ajudar alguém que apareceu do nada? Alguém que me abandonou do nada?

Eu queria muito entender como poderia ajudar alguém com quem eu tinha muita ligação; que, apesar de tudo, era quem havia me colocado no mundo, que tinha me dado a oportunidade da vida. Queria saber como ajudá-la, mesmo sentindo muita mágoa e raiva.

Nas sessões, trabalhei tudo o que é relacionado à parte emocional, entendendo todas as feridas que atrapalham a nossa jornada. Percebi que o abandono materno não feria só a minha relação com a minha mãe; abalava, também, minha relação com o trabalho, as pessoas, enfim, muitas coisas que eu precisava ser ou fazer.

Chegou um momento das minhas descobertas em que percebi que continuar a fazer tudo o que vinha fazendo não me levaria a lugar nenhum. Eu precisava mudar! Eu já não estava mais feliz fazendo o que fazia!

Comecei a procurar coisas que me satisfaziam. Fiz vários cursos e palestras para entender o que não me agradava e como poderia me reinventar.

Em um destes cursos, apareceu que eu tinha aptidão para várias coisas e, dentre elas, estava o coaching: a minha nova paixão!

Comecei a descobrir coisas novas, perceber que existia vida além do que eu fazia. Decidi, então, me especializar e buscar conhecer ainda mais sobre o assunto. E ao conhecer mais sobre o coaching, percebi que era tudo que eu buscava, era um encontro comigo mesma, e com essa nova oportunidade eu poderia aprimorar ainda mais minha habilidade de ensinar e orientar pessoas, motivar e ajudar, fazer exatamente o que vim fazer nessa vida.

Mas que era necessário focar em uma área específica. Não adianta querer atender todo mundo. Eu precisava me especializar em uma área para dar o melhor e me tornar uma especialista no assunto.

Foi quando precisei fazer uma mudança na minha equipe e aumentá-la, precisando entrevistar pessoas e treiná-las, descobri que todo aquele sonho de criança poderia se transformar em realidade naquele momento.

## O encontro com meu propósito de vida

No momento das entrevistas e nos treinamentos percebi que todos estavam muito perdidos. Então tive um *"insight"*: "Por que não ajudar essas pessoas que estou entrevistando? Por que não mudar a forma de trabalhar com a equipe? Olhe como elas estão perdidas e desorientadas. Veja como muitas delas, também, estão fazendo entrevista para a área comercial sem que esta seja a área que elas realmente queiram ou gostem de trabalhar".

Planejei e comecei a colocar em prática tudo que estava aprendendo no coaching no meu próprio trabalho, me dando cada dia mais motivação e inspiração.

## Abrindo portas

Ao ter tal *"insight"*, também escrevi o meu projeto social, o Abrindo Portas. Cada linha era redigida como se alguém estivesse falando no meu ouvido: "Vivian, isso que você está passando, tanto no lado pessoal, quanto no profissional, faz parte de uma transformação muito forte. Não precisa deixar de fazer o que você faz. Reinvente, comece orientando essas pessoas e, depois desse processo, você irá encontrar dentro de si algo que você realmente gosta. Você vai transformar sua carreira, sua equipe e será uma pessoa feliz".

Prossegui com as entrevistas, com os treinamentos e conversas semanais com a equipe, e cada vez mais tinha certeza de que o caminho que estava traçando era certo.

Fui percebendo que ao orientá-las, tudo mudaria para aquelas pessoas, porque elas estavam completamente perdidas, muitas que chegavam para as entrevistas estavam travadas, despreparadas, com roupas inadequadas, nervosas, choravam e não conseguiam se expressar.

Comecei a conversar com elas usando técnicas de coaching. Estimulando-as a demonstrar que só estavam na área comercial por ter sido a única porta que o mundo abriu para elas, mas que, na verdade, gostavam de fazer outras coisas.

Além de mudar o modo como fazia as entrevistas, passei a orientar minha equipe, fazendo-os refletir que a infelicidade de cada um vinha por não estarem fazendo o que suas almas desejavam e muitas vezes eles não eram da forma que gostariam. E que eram parte da empresa, que se mudarem e encontrarem uma forma feliz de trabalhar, tudo em torno mudará.

Deixei de ser gerente. Hoje, sou gestora. Continuo trabalhando na área comercial, mas de uma forma diferente, com outro olhar, muito mais forte e humanizado. Procuro estimular a equipe de uma forma que eles se sintam parte da empresa e que todo bom resultado refletirá também para eles.

Atendo também como coach de carreira ou recolocação e faço palestras motivacionais, além de seguir com o meu projeto social Abrindo Portas, colaborando para que mais pessoas sejam recolocadas no mercado de trabalho, descobrindo a sua verdadeira vocação.

Tudo isso só foi possível depois que me conheci, quando tive um olhar para dentro de mim, e respeitei meus sentimentos, que tudo que fiz até o momento foi o que sabia fazer, e então fui atrás de descobrir o que faltava na minha vida, qual era minha verdadeira missão, meu propósito.

Foi nesse momento que entendi que minha mãe fez o que sabia e poderia fazer naquele momento. Percebi que minha vida também havia sido assim. Sempre trabalhei em uma área na qual eu tinha conhecimento, mas aquilo já não estava mais me satisfazendo. Que meu propósito era ajudar pessoas e não apenas trabalhar para ganhar dinheiro.

Passei a olhar o mundo de um novo ângulo. Especializei-me na área de coaching, fazendo coaching positivo, focando na área de orientação.

A todas as pessoas que oriento, seja por meio da minha gestão na empresa, seja pelas consultas ou palestras motivacionais que ministro, procuro transmitir que elas não devem reclamar da empresa em que estão, pois elas são a empresa, então aconselho que procurem transformar e ver tudo de uma forma melhor, como uma oportunidade de refletirem e crescerem, tanto no âmbito profissional, quanto pessoal.

Com o projeto Abrindo Portas, já consegui recolocar no mercado de trabalho mais de vinte profissionais. O projeto me dá toda a vivência de conhecer pessoas e seus desafios, colaborando para que elas evoluam. Mais do que isso, descobri que ele não é apenas um projeto social. É ele quem me dá força para aprender cada vez mais, ter foco, continuar trabalhando no meu propósito de vida, sempre com o lado humanizado; fazendo tudo com amor.

Procuro nesse projeto, e com os jovens, mostrar que, independentemente de tudo que acontece na vida, precisamos encontrar a melhor forma de fazer e ver toda e qualquer situação e, para isso, trabalhamos o amor próprio, a autoestima, a autossabotagem e a ansiedade.

Sigo nesses processos, acreditando no potencial e que tudo dará certo — aliás, já deu. Transformei minha vida e descobri que não precisava ser médica ou psicóloga para ajudar as pessoas, pois, minha profissão também me permite ajudar.

Hoje, vendo tudo que passei e vivi, sou muito grata pela minha própria dedicação, pois, se não fosse a força e a busca que tive para ser uma pessoa melhor, a dedicação para ir conquistando e buscando os meus desejos e minha autocura, meu autoamor, eu não teria despertado essa nova fase profissional nem teria encarado tantos desafios de frente e com tamanha alegria, maturidade e motivação.

Desejo que minha história também motive você a encontrar a sua melhor forma de trabalhar, encontrar o que realmente gosta e lhe dá prazer. Perceba que podemos encarar cada problema como um novo desafio para ser superado em nossas vidas.

Agradeço à minha mãe por ajudar neste despertar, ao meu pai pelo carinho e dedicação que sempre teve por mim, às minhas irmãs que sempre estiveram e estão comigo me apoiando em tudo que faço, dando seus palpites e incentivos e ao meu marido, que sempre me apoia e que tem encontrado nessa minha nova fase também sua motivação.

Sou uma privilegiada por ter sido escolhida a Abrir Portas para muitas pessoas, e esse meu presente do Universo só serviu para despertar em mim essa mulher que, desde pequena, queria ajudar as pessoas. Com toda certeza, continuarei com meu projeto de vida, desejando e lutando para que mais pessoas descubram a sua essência e consigam fazer aquilo que a sua alma deseja.

Esse é o real significado da vida, o Amor!

Gratidão mãezinha por me permitir descobrir o real significado do amor e me permitir abrir as portas da minha felicidade ressignificando tantas vidas descobrindo o significado desse meu legado de vida!

Não lamente a sorte ou a vida. Se algo aconteceu, procure aprender, porque nada na vida acontece por acaso.

Apenas AME e SEJA FELIZ!

Encontre seu verdadeiro propósito de vida.

Permita que sua vida também possa estar "abrindo portas" para você!

# SOBRE OS AUTORES

**ANA COSTA** possui vasta experiência na área de gestão de pessoas e negócios em empresas nacionais e multinacionais. Descobriu o seu propósito em 2014, com a criação da marca Ana Costa Essencial. Atua na área de desenvolvimento humano como terapeuta sistêmico organizacional, com foco em design organizacional e de carreira, análise de prontidão da cultura, mapa sucessório, *mentoring* e constelação organizacional, além de programas voltados para o despertar do potencial das lideranças. Pós-graduada em Aconselhamento de Carreira (USP), MBA em RH (FIA e USP) e Constelação Organizacional (IPEC). É idealizadora do projeto Vivenciando Você na Cultura Andina, que leva pessoas das mais diversas áreas e culturas para uma vivência no Peru, propiciando imersões profundas no entendimento do seu propósito de vida; membro do Conselho Teto – Brasil, autora do livro *Ter & ser na vida corporativa* e coordenadora-autora do livro *O que a vida ensina, compartilha-se.*

✉ ana@anacosta.me
🏀 http://www.anacosta.me/projeto-experience/
📞 +55 (19) 99121-7916
in https://www.linkedin.com/in/ana-costa-b6452b5/
📷 @anacostaessencial

caruabreu@hotmail.com
+55 (11) 98415-4188

**CAROL ABREU** é economista, coach, psicanalista, mediadora de empresas e familiar e mãe da Clara. Atuou por mais de vinte anos como executiva financeira e economista em empresas como Mercedes-Benz, Chase, Odebrecht e Arcos Dourados (McDonald's). Construiu sua transição de carreira dedicando-se por alguns anos à área de desenvolvimento humano e à vida como executiva concomitantemente. Já atendeu centenas de altos executivos como coach, crianças e casais como psicanalista, e vem nos últimos anos atuando também como mediadora certificada pelo ICFML para empresas e famílias. Atuou ao longo dos anos como voluntária de ONGs, como Sonhar Acordado e IRIS, e de institutos sociais, como o Ismart, e mantém trabalhos voluntários como psicanalista junto a comunidades carentes.

**CASSIANO POLESI**, generalista teimoso: ex-fotógrafo, ex-diagramador, ex-produtor gráfico, ex-repórter de negócios, ex-editor; pós-graduação em Comunicação de Marketing; mestrado em Relações Públicas; capacitações diversas em comunicação: tipografia, direção de arte, coisas assim. Se vira bem na cozinha, onde o aprendizado é saber misturar ingredientes até antagônicos para chegar ao prato bom: junta o que encontrou pela vida para temperar de forma especial seu atendimento em gestão patrimonial imobiliária. *Voilà!*

✉ cassianopolesi@matrizmkt.com
📞 +55 (11) 96929-8888
Cassiano Polesi

**CELEIDA LAPORTA** é cofundadora da CS VIEWS Mediação e Arbitragem, analista de sistemas, advogada com pós-graduação tributária pela PUC/SP, coach empresarial pelo Instituto Brasileiro de Coaching (IBC), árbitra mediadora extrajudicial e judicial credenciada no Tribunal de Justiça de São Paulo e Conselho Nacional de Justiça (CNJ) e mediadora credenciada pelo ICFML-IMI em Porto (Portugal). Tem bacharelado e licenciatura em Matemática pela PUC/SP e é mestranda em Direito pela Escola Paulista de Direito (EPD). Participou do curso *Theory and Tools of Harvard Negotiation Project*, nos Estados Unidos. Tem especializações em Mediação pela Universidad Salamanca 2019 (Espanha) e em Práticas em Mediação e Arbitragem pela Universidade Portucalense 2019 (Portugal). É autora, coautora e organizadora de livros de tecnologia e artigos, como *O fenômeno da desjudicialização: uma nova era de acesso a justiça* (Ed. Lumen Juris, 2018), *Soluções Extrajudiciais de Controvérsias Empresariais* (Ed. Saraiva, 2018, v. 4) e *Mediação de conflitos na prática: estudos de casos concretos* (Ed. Lumen Juris, 2019).

- ✉ advogada@celeidalaporta.adv.br
  contato@csviews.com.br
- 📞 +55 (11) 93020-7352
- in celeida-laporta
- celeidalaporta

**DENISE DATOVO** atende aos convites que a vida faz: é a grande mestra em sua jornada. Estuda Feng Shui desde os 18 anos, porém é formada em Economia, a melhor opção que considerou para seguir carreira no mercado financeiro. Começou como estagiária aos 24 anos e atuou por 20 anos no setor, em grandes corporações e pequenos bancos. Saiu do mundo corporativo em 2011. Retomou o Feng Shui: estudou com mestre Ming e na Associação Brasileira, quando soube da oportunidade de realizar um curso de meditação no *The Oneness Temple*, na Índia; no Brasil, estudou meditação com a Dra. Denise Meneses e no Budismo Kadampa; fez formação em yoga no monastério de Krishna; com Mary Catija, aprendeu a massagem Thai Yoga e a acupuntura vibracional Tok Sen, trabalho energético de cura da medicina tailandesa; com Marcos Takeda, estudou cone chinês e reflexologia; e fez cursos de leitura de tarô e baralho cigano. Hoje, trabalha como instrutora de yoga e meditação, cria japamalas (um instrumento de meditação), atende consultorias de Feng Shui, lê tarô e aplica Tok Sen. Descobriu que seu caminho é esse: trabalhar com coisas manuais, aplicando sua energia e sua intenção – por isso, coloca todo seu amor em sua marca de japamalas Anand Store.

anandstorejapamalas@gmail.com
+55 (11) 99563-1321

**FABIANA MILANEZ** é apaixonada pela vida e pelas pessoas. Após a consolidação de uma carreira corporativa de sucesso, encontrou na psicanálise uma jornada de autoconhecimento e realização profissional. Seu propósito é quebrar fronteiras e reconectar as pessoas com sua essência, temporariamente esquecida, para que possam viver uma vida leve e plena no aqui e agora. Se formou em Psicanálise Clínica no Illumen – Centro de Formação em Psicanálise Clínica de São Paulo. É facilitadora certificada Miracle Choice. Tem formação em Cura Reconectiva com o Dr. Eric Pearl. Possui certificação em Career Counselling pelo Vancouver College of Counsellor Training, no Canadá.

✉ fabiana@innerself.eu
🌐 www.innerself.eu
📞 📱 +55 (11) 94524-3006
📞 +351 91101-7872
📷 fabiana_vida_leve

**FABIANA RIBEIRO** é graduada em Psicologia, pós-graduada em Terapia Corporal Neo Reichiana pelo Instituto Lumen de Bioenergética e especializada em Comunicação de Negócios. Experiência de dezesseis anos na área de Educação Corporativa: Treinamento e Desenvolvimento de Pessoas e de sete anos com projetos de comunicação. Proprietária do gRHupo Desenvolvimento de Pessoas, atua como consultora em projetos aplicados a empresas de grande e médio porte, com mais de 10 mil participantes treinados da operação à direção. Atualmente, também desenvolve e entrega projetos de alto impacto de educação corporativa, treinamento e desenvolvimento comportamental em parceria com grandes consultorias.

fabiana.ribeiro@grhupo.com.br
+55 (11) 94910-1617

**FÁTIMA CALDAS** é psicóloga, formada desde 1983, e atuou por cinco anos em empresas na área de RH e benefício, como recrutadora e em treinamento. Trabalhou por dezesseis anos na área da Educação como mantenedora, coordenadora e orientadora no atendimento a pais e alunos. Fez a formação de *coach* pelo Instituto Brasileiro de Coaching, exerce atualmente a profissão de psicóloga e coach de relacionamentos e qualidade de vida, com foco em mulheres em momentos de transição. Enquanto palestrante e criadora do Projeto Delas para Elas, desenvolve o autoconhecimento e a autovalorização, a princípio com mulheres que se esconderam delas mesmas.

rodadelasparaelas@gmail.com
+55 (11) 99289-5898

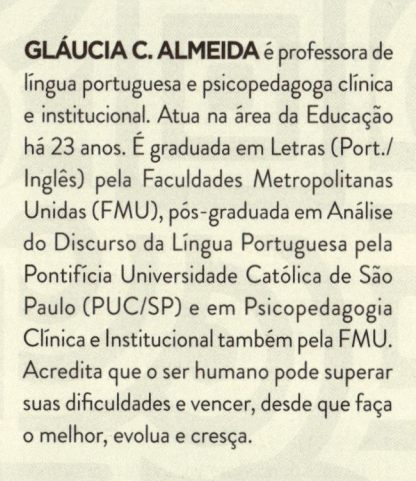

**GLÁUCIA C. ALMEIDA** é professora de língua portuguesa e psicopedagoga clínica e institucional. Atua na área da Educação há 23 anos. É graduada em Letras (Port./Inglês) pela Faculdades Metropolitanas Unidas (FMU), pós-graduada em Análise do Discurso da Língua Portuguesa pela Pontifícia Universidade Católica de São Paulo (PUC/SP) e em Psicopedagogia Clínica e Institucional também pela FMU. Acredita que o ser humano pode superar suas dificuldades e vencer, desde que faça o melhor, evolua e cresça.

📧 isaraiva@liverconsultoria.com.br
📞 +55 (21) 98172-9999
+55 (11) 99240-9498

**IVONE SARAIVA** é economista, pós-graduada em Planejamento Global, com MBA Executivo e MBA em Marketing, formada em Governança Corporativa, Coaching Executivo e Life Coaching, Mediação Extrajudicial e Judicial e Negociação Empresarial. Foi CEO nos grupos Schahin e PEM SETAL, superintendente do BNDES, Diretora do FINAME – BNDES, fundadora da Double Energy do Brasil e diretora da ABDIB. Atualmente, é sócia-diretora da Liver Consultoria e Participações, atuando como coach profissional e consultora da CVM, membro do conselho de administração do Banco de Desenvolvimento de Minas Gerais, mediadora internacional certificada pelo ICFML, mediadora da Câmara de Conciliação e Arbitragem da FGV do IMAB, da Câmara CSViews de Mediação e Arbitragem da Ad Hoc nos Fóruns Regionais de Santana, da Vergueiro e no Fórum Central do Cejusc no SAESP, e mediadora e árbitra da Câmara de Mediação e Arbitragem do Instituto de Engenharia.

**KELL HALLER** é filha, irmã, tia, amiga, mãe de gatas, esposa, escritora, terapeuta, instrutora, gerente de produto, mulher e humana, ou seja, um ser infinito, cujo propósito de vida é ser feliz e levar essa felicidade a quem quiser. Formada em Reiki I, Barras de Access e mais de dez cursos de ThetaHealing, atua como terapeuta holística, life coaching e instrutora de ThetaHealing e barras de access. Além disso, é engenheira de formação pela FEI, com MBA em Moda e Gestão Empresarial, e trabalha há mais de dezessete anos no varejo, atuando em grandes empresas em cargos de gestão. Tem como missão de vida facilitar o bem-estar das pessoas por meio do autoconhecimento, via atendimentos ou cursos. Afinal, nossa vida reflete as escolhas que fazemos, e podemos sempre escolher de novo, seja o novo ou o que já está presente. Quanto mais conscientes de nossos atos, menos nos julgaremos e mais livres e felizes seremos. Os atendimentos podem ser feitos on-line ou em São Paulo.

✉ kellhaller@gmail.com
📞 +55 (11) 98342-9453
@kellhaller
@escolhadenovo

**LUCILA FERRARI**, 40 anos, é psicóloga clínica formada em 2001, pós-graduada em Terapia Cognitivo-Comportamental e especialista em *coaching psychology* pela Academia do Psicólogo. Possui certificações em técnicas quânticas pelo TH® Institute of Knowledge. Soma também alguns anos de atuação em gestão de projetos, no atendimento a empresas nacionais e multinacionais. Atendimento presencial (Alphaville — Barueri/SP) ou on-line. Palavras-chaves: ser, qualidade de vida, felicidade, harmonia, equilíbrio, *flow*, ampliação da consciência, inteligência emocional, resiliência, vivências, conexões, ressignificações, energia, essência e amor.

✉ ferrari_lu@hotmail.com
📞 +55 (11) 93002-8484
📷 @lucilagferrari.psique
in lucilaferrari

**REGIANE RIBEIRO**, 44 anos, mãe do Lyon e do Yan. Psicóloga desde 1998 com especialização em Administração de Recursos Humanos, Psicologia Transpessoal e Eneagrama de Personalidades. Facilitadora em constelação familiar, consultoria sistêmica empresarial e coach formada pela Sociedade Brasileira de Coaching e pela Academia de Coaching Integrativo, tem MBA pela Fundação Getúlio Vargas. Atuou por vinte anos em recursos humanos de empresas de grande porte. É voluntária no atendimento a grupos terapêuticos comunitários e fundadora da INTEGRAR Psicologia e Coaching, para levar saúde física, mental e emocional a todos que desejam transformação pessoal e profissional. Oferece atendimento psicológico, coaching e constelação familiar sistêmica para adultos, casais, famílias e adolescentes. Para empresas, realiza consultoria sistêmica empresarial baseada nas leis sistêmicas de Berth Hellinger. Atendimento presencial (Alphaville e SP) e on-line (nacional e internacional).

✉ regianeribeiro@perfeitamenteimperfeita.com.br
🌐 www.perfeitamenteimperfeita.com.br
📷 @perfeitamenteimperfeita.com.br
📞 +55 (11) 99294-1580

**ROGÉRIO PEDACE** é sócio fundador das empresas Human Kapital e Kompenson. Suas áreas de *expertise* em recursos humanos são remuneração executiva, incentivos de curto & longo prazos, desenho organizacional e de estruturas de cargos e carreiras, competências e treinamento. É coach de carreira formado pela ICI. Atuou como executivo de RH e diretor de consultoria em empresas de grande porte, nacionais e internacionais, tais como: Secretaria da Fazenda do Estado de São Paulo, Korn Ferry, Hay Group, Ernst & Young, entre outras. Como consultor de recursos humanos, tem mais de vinte anos de experiência, trabalhando com altos executivos em centenas de grandes grupos nacionais e internacionais de diversas indústrias tais como consumo, energia, mineração, petróleo, petroquímico, serviços, TI, telecom e varejo. É graduado pelo Mackenzie em Ciências da Computação e pós-graduado em Administração de Empresas pela FAAP.

- rogerio@kompenson.com.br
- www.kompenson.com.br
- www.humankapital.com.br
- +55 (11) 99461-0990
- rogerio-pedace-pedace

**THIAGO OLIVEIRA** é formado em Jornalismo, com pós-graduação em Literatura, e atua como redator *freelancer* e *ghost writer*. Já colaborou com três livros, além de sites e redes sociais de diversas frentes. Também trabalhou em cinema e em mídias sociais. Acredita na escrita colaborativa, em que todos podem escrever a sua história, do seu jeito, trazendo para o projeto a sua essência: "Quer escrever o seu livro? Entre em contato que te ajudo nesse projeto".

✉ oliverrussel89@gmail.com
📞 +55 (19) 99146-6684

**VERA MARIA GARAUDE** é advogada e mãe de dois filhos. Mora em Alphaville desde 1980, onde possui um escritório de advocacia cível, com foco na área imobiliária. É sócia-proprietária do Solar Ville Garaude, hotel-residência para terceira idade. Filha do casal Pedro e Marilda, falecidos em um intervalo de seis meses nos anos de 2015 e 2016, procurou uma maneira de homenageá-los.

vera@garaudeadvocacia.com.br
www.garaudeadvocacia.com.br

**VIVIAN CASTANHEDA** é formada em Comunicação, com MBA em Gestão Estratégica pela USP. Tem 21 anos na área comercial, hoje é gestora comercial, palestrante, mentora e coach de vida e carreira pela Sociedade Brasileira de Coaching. É coautora de um livro em que compartilha como reinventou sua vida e sua profissão, e idealizadora do projeto social Abrindo Portas – projeto que orienta pessoas na iniciação profissional, ajudando em entrevistas, na montagem do CV, como se portar em entrevistas, como buscar a colocação.

✉ abrindoportas.vc@gmail.com
📞 +55 (11) 93353-4451
📷 f @abrindoportas.vc

Este livro foi composto em Baskerville e Brandon Grotesque
e impresso em papel Pólen Soft 80 g/m²
pela gráfica Loyola.